Parte I: Fundamentos y Evolución
Orígenes de las criptomonedas: más allá de Bitcoin
Evolución de los modelos de consenso: prueba de trabajo, prueba de participación y más
Análisis comparativo de blockchains de primera, segunda y tercera generación
Criptomonedas y teoría de juegos: comprensión de los incentivos económicos
¿democratización financiera o nueva élite? Análisis sociológico

Parte II: Aspectos económicos en profundidad
Criptomonedas en crisis económicas: ¿refugio o riesgo?
Análisis de las burbujas especulativas en la historia de las criptomonedas
Criptomonedas y evasión fiscal: problemas y soluciones
Microeconomía de los tokens no fungibles (NFT)
Criptomonedas y redistribución de la riqueza

Parte III: Medio Ambiente y Sostenibilidad
Blockchain y economía circular: potencial y límites
Criptomonedas y finanzas verdes: inversiones responsables
Impacto ambiental de las granjas mineras
Desarrollo de Blockchains Eco-responsables
Criptomonedas y gestión de recursos naturales

Parte IV: Innovaciones y aplicaciones poco conocidas
Blockchain en el sector sanitario: confidencialidad y eficiencia
Uso de Criptomonedas en Zonas de Conflicto y Crisis Humanitarias
Blockchain y gobernanza: votación electrónica y más allá
Criptomonedas y arte: más allá de las NFT
Blockchain y Gestión de Identidad Digital

Parte V: Inteligencia Artificial y Criptomonedas
IA para la predicción del mercado de criptomonedas

Contratos inteligentes autoescalables mediante IA
IA y análisis de riesgo de fraude en criptomonedas
Desarrollo de criptomonedas gestionadas por IA
IA y optimización de redes Blockchain

Parte VI: Exploración y perspectivas futuras
Criptomonedas en el espacio: financiación y logística de misiones espaciales
Blockchain e Internet de las cosas (IoT): creando economías autónomas
Criptomonedas y economía cuántica: preparándose para el futuro
Explorando criptomonedas en mundos virtuales y metaversos
Previsión: criptomonedas en 50 años

Este plan detallado tiene como objetivo explorar aspectos que a menudo se pasan por alto o poco se discuten en el estudio de las criptomonedas, proporcionando una perspectiva más rica y diversa sobre este campo en constante evolución.

Capítulo 1: Orígenes de las criptomonedas: más allá de Bitcoin

Introducción

El mundo de las criptomonedas suele ser sinónimo de Bitcoin, la primera y más famosa moneda digital. Sin embargo, la historia de las criptomonedas es mucho más rica y compleja y se remonta a décadas antes de que se creara Bitcoin. Este capítulo tiene como objetivo explorar los orígenes de las criptomonedas, destacando los desarrollos tecnológicos, económicos y filosóficos que allanaron el camino para su surgimiento.

1. Precursores criptográficos y conceptos clave

- B-Money y Bit Gold: antes de Bitcoin, ideas como B-Money de Wei Dai y Bit Gold de Nick Szabo introdujeron conceptos clave como prueba de trabajo y descentralización.
- Hashcash y prueba de trabajo: Desarrollado por Adam Back, Hashcash utilizó prueba de trabajo para combatir el spam de correo electrónico, una idea que se convertiría en fundamental para la creación de Bitcoin.

2. Contexto socioeconómico

- Cypherpunks y libertarismo: el movimiento cypherpunk, que defiende el uso de la criptografía para preservar la privacidad, ha desempeñado un papel crucial en la filosofía subyacente de las criptomonedas.
- Crisis financiera de 2008: La desconfianza en las instituciones financieras tradicionales, exacerbada por la crisis de 2008, creó un terreno fértil para la adopción de monedas alternativas como Bitcoin.

3. Nacimiento de Bitcoin y su impacto

- Libro blanco de Satoshi Nakamoto: Análisis del libro blanco de Bitcoin, publicado en 2008, que sentó las bases teóricas y técnicas de la primera criptomoneda descentralizada.
- Recepción y adopción inicial: cómo recibió Bitcoin la comunidad tecnológica y sus primeros usuarios, y su rápida evolución como fenómeno cultural y económico.

4. Más allá de Bitcoin: diversificación y evolución

- Altcoins y diversificación: la aparición de altcoins

(alternativas a Bitcoin) como Litecoin, Ripple y Ethereum, cada una de las cuales aporta innovaciones en velocidad, seguridad y funcionalidad.

- Contratos Inteligentes y Ethereum: La introducción de los contratos inteligentes por parte de Ethereum, marca una importante evolución en las posibles aplicaciones de las criptomonedas.

5. Lecciones aprendidas y legado

- Innovaciones y fracasos: análisis de los éxitos y fracasos en los primeros años de las criptomonedas y cómo dieron forma al panorama actual.
- Legado e influencia en las tecnologías actuales: cómo las ideas y tecnologías de las primeras criptomonedas continúan influyendo en el mundo de blockchain y más allá.

Conclusión

Los orígenes de las criptomonedas están profundamente arraigados en una historia de búsqueda de descentralización, seguridad y autonomía financiera. Al comprender los desarrollos que precedieron a Bitcoin, podemos apreciar mejor la complejidad y riqueza del ecosistema de criptomonedas actual. Este capítulo arrojó luz no sólo sobre los aspectos técnicos, sino también sobre las motivaciones socioeconómicas y filosóficas que llevaron al nacimiento de estas revolucionarias monedas digitales.

Capítulo 2: Evolución de los modelos de consenso: prueba de trabajo, prueba de participación y más

Introducción

Los modelos de consenso son la base del funcionamiento de las criptomonedas y las cadenas de bloques. Determinan cómo se validan las transacciones y cómo se mantienen la seguridad y la integridad de la red. Este capítulo explora la evolución de estos modelos, desde la Prueba de trabajo (PoW) hasta la Prueba de participación (PoS) y más allá, destacando sus impactos e innovaciones.

1. Prueba de trabajo (PoW): los fundamentos

- Concepto y Operación: Explicación del mecanismo PoW, donde los mineros resuelven problemas criptográficos complejos para validar transacciones y crear nuevos bloques.
- Bitcoin y PoW: cómo Bitcoin utilizó PoW para crear un sistema descentralizado y seguro, y las implicaciones de esta elección.
- Desafíos y críticas: Análisis de los desafíos relacionados con PoW, incluido el alto consumo de energía y problemas de escala.

2. Prueba de participación (PoS): una alternativa energéticamente eficiente
   - Principios de PoS: descripción general del modelo PoS, donde la creación de bloques y la validación de transacciones depende de la participación de los tenedores de divisas.
   - Beneficios de PoS sobre PoW: consumo de energía reducido, escala mejorada y seguridad.
   - Implementaciones notables: Ethereum 2.0, Cardano y otras criptomonedas que han adoptado o planean adoptar PoS.

3. Más allá de PoW y PoS: innovaciones y nuevos modelos
   - Prueba de participación delegada (DPoS): explica DPoS, una variación de PoS, donde los poseedores de tokens votan por delegados para validar las transacciones.
   - Prueba de autoridad (PoA) y otros modelos: exploración de modelos alternativos como PoA, utilizados en contextos donde la confianza está centralizada.
   - Consenso híbrido: discusión sobre modelos híbridos que combinan PoW y PoS para aprovechar los beneficios de cada sistema.

4. Implicaciones para la seguridad y la descentralización
   - Seguridad de la red Blockchain: Análisis de cómo los diferentes modelos de consenso afectan la seguridad y la resistencia a los ataques.
   - Descentralización y Distribución de Energía: Evaluación del impacto de cada modelo en la descentralización de la red y distribución de energía entre los participantes.

5. Futuro de los modelos de consenso
- Tendencias e innovaciones futuras: exploración de la investigación actual sobre modelos de consenso, incluida la integración de inteligencia artificial y sistemas multicadena.
- Impacto en la adopción y regulación de las criptomonedas: cómo los modelos de consenso en evolución podrían influir en la adopción generalizada de las criptomonedas y los enfoques regulatorios.

Conclusión

La evolución de los modelos de consenso es un aspecto crucial de la evolución de las criptomonedas y la tecnología blockchain. Al pasar de PoW a PoS y otros modelos innovadores, la comunidad busca resolver problemas como el consumo de energía, la seguridad y la escalabilidad. Este capítulo ha destacado no solo los aspectos técnicos de estos modelos, sino también sus implicaciones socioeconómicas y ambientales, brindando una perspectiva integral sobre el futuro de la tecnología blockchain.

Capítulo 3: Análisis comparativo de blockchains de primera, segunda y tercera generación

Introducción

La evolución de la tecnología blockchain se puede dividir en tres generaciones distintas, cada una de las cuales aporta importantes innovaciones y mejoras. Este capítulo ofrece un análisis comparativo de estas generaciones, centrándose en sus características, aplicaciones e impactos.

1. Primera Generación: El Nacimiento de Blockchain
- Bitcoin y la Blockchain original: Explorando Bitcoin como la primera aplicación de la tecnología blockchain, enfocada en la creación de una moneda digital descentralizada.
- Características y limitaciones: análisis de características clave como PoW, seguridad y transparencia, así como limitaciones como escalabilidad y consumo de energía.

2. Segunda Generación: Introducción de Contratos Inteligentes
- Ethereum y la Ampliación de Funciones: Presentación

de Ethereum como pionero de segunda generación, introduciendo contratos inteligentes y la posibilidad de crear aplicaciones descentralizadas (DApps).
- Impacto de los contratos inteligentes: discusión sobre cómo los contratos inteligentes han ampliado los usos de blockchain más allá de las transacciones financieras, incluidas áreas como juegos, finanzas descentralizadas (DeFi) y más.

3. Tercera Generación: Interoperabilidad y Escalabilidad
- Cardano, Polkadot y otros: presentamos cadenas de bloques de tercera generación, cuyo objetivo es abordar los problemas de escalabilidad e interoperabilidad que enfrentaron sus predecesores.
- Innovaciones clave: exploración de tecnologías como cadenas de bloques paralelas, prueba de participación delegada (DPoS) y soluciones de capa 2.
- Interoperabilidad y Sostenibilidad: Análisis de la importancia de la interoperabilidad para el futuro de las blockchains y el énfasis puesto en soluciones más sostenibles y eco-responsables.

4. Comparación de rendimiento y aplicaciones
- Análisis de rendimiento: Comparación de velocidades de transacción, costos, consumo de energía y facilidad de uso entre diferentes generaciones.
- Aplicaciones específicas de cada generación: discusión sobre cómo cada generación ha allanado el camino para aplicaciones únicas e innovadoras en diversas industrias.

5. Desafíos y perspectivas de futuro
- Desafíos actuales: explorar los desafíos que enfrenta cada generación de blockchain, incluidas cuestiones de regulación, adopción generalizada y seguridad.
- Futuro de Blockchain: Reflexiones sobre el futuro de la tecnología blockchain, considerando las lecciones aprendidas de cada generación y las tendencias emergentes.

Conclusión

Las cadenas de bloques de primera, segunda y tercera generación representan hitos clave en la evolución de esta tecnología revolucionaria. Cada generación ha realizado importantes mejoras e innovaciones, allanando el camino para nuevas aplicaciones y posibilidades. Al comprender las fortalezas, debilidades y contribuciones únicas de cada generación, se puede apreciar mejor el potencial futuro de blockchain y su impacto en diversos sectores.

Capítulo 4: Criptomonedas y teoría de juegos: comprensión de los incentivos económicos

Introducción

La teoría de juegos, una rama de las matemáticas aplicadas, desempeña un papel crucial en la comprensión de las criptomonedas. Ayuda a analizar los comportamientos estratégicos de los actores en un entorno donde las interacciones son esenciales. Este capítulo explora cómo se aplica la teoría de juegos a las criptomonedas, particularmente en el diseño de incentivos económicos y redes de seguridad.

1. Fundamentos de la Teoría de Juegos en Criptomonedas
    - Fundamentos: Introducción a conceptos clave de la teoría de juegos, como los juegos de suma cero, las estrategias dominantes y el equilibrio de Nash.
    - Aplicación a las criptomonedas: cómo se aplican estos conceptos a la dinámica de las criptomonedas, particularmente en el contexto de la validación de transacciones y la creación de bloques.
2. Prueba de trabajo y teoría de juegos
    - Minería e Incentivos: Análisis de cómo la teoría de juegos explica el comportamiento de los mineros en el modelo Prueba de Trabajo (PoW).
    - Equilibrio y seguridad de la red: discusión sobre cómo se logra el equilibrio de Nash en PoW, garantizando la seguridad y confiabilidad de la red.
3. Prueba de participación e incentivos económicos

- Participación y toma de decisiones: exploración del modelo de prueba de participación (PoS) a través de la lente de la teoría de juegos, centrándose en los incentivos para los validadores.
- Riesgos y recompensas: cómo la teoría de juegos ayuda a equilibrar los riesgos y las recompensas en PoS, fomentando la participación honesta.

4. Gobernanza de los juegos y las criptomonedas
   - Toma de decisiones colectivas: aplicación de la teoría de juegos a la gobernanza de las criptomonedas, analizando cómo los participantes toman decisiones colectivas.
   - Mecanismos de Votación e Incentivos: Estudio de los diferentes mecanismos de votación y su eficacia para reflejar los intereses de los participantes evitando la manipulación.

5. Dilemas y desafíos en las criptomonedas
   - El dilema del prisionero y la colaboración: explorar situaciones en las que los participantes deben elegir entre cooperación y competencia, y cómo esto afecta la estabilidad de la red.
   - Juegos de información incompleta: Discusión de los desafíos que plantean los juegos de información incompleta en el ecosistema de las criptomonedas, como la especulación y la manipulación del mercado.

6. Perspectivas de futuro
   - Evolución de los modelos de consenso: reflexión sobre cómo la teoría de juegos podría influir en el desarrollo de nuevos modelos de consenso.
   - Innovaciones y regulación: exploración de las posibles implicaciones de la teoría de juegos para la innovación futura en criptomonedas y su regulación.

Conclusión

La teoría de juegos proporciona un marco poderoso para comprender y diseñar sistemas e incentivos económicos dentro del ecosistema de las criptomonedas. Al analizar las interacciones estratégicas entre diferentes actores, ayuda a garantizar la seguridad, estabilidad y eficiencia de estos sistemas

descentralizados. Este capítulo destacó la importancia de la teoría de juegos no sólo para comprender las criptomonedas existentes, sino también para desarrollar tecnologías y políticas futuras.
ChatGPT puede cometer errores. Considere marcar importante

Capítulo 5: ¿democratización financiera o nueva élite? Análisis sociológico

Introducción

Las criptomonedas han sido aclamadas como herramientas para la democratización financiera, ya que brindan un acceso sin precedentes a los sistemas financieros. Sin embargo, también han sido criticados por crear una nueva élite. Este capítulo ofrece un análisis sociológico de este aspecto, explorando los impactos sociales y económicos de las criptomonedas en diferentes estratos de la sociedad.

1. Promesas de democratización
   - Acceso ampliado a servicios financieros: exploración de cómo las criptomonedas brindan acceso a servicios financieros en regiones con servicios bancarios insuficientes.
   - Empoderar a los pequeños inversores: Análisis del impacto de las criptomonedas en los pequeños inversores y su capacidad para participar en los mercados financieros globales.

2. Creación de una nueva élite
   - Concentración de riqueza: examinar la concentración de riqueza en el espacio de las criptomonedas y la posible creación de una nueva élite financiera.
   - Barreras técnicas y educativas: Discusión de las barreras de entrada, como la complejidad técnica y la necesidad de educación financiera, que pueden excluir a ciertos grupos.

3. Impacto en los sistemas financieros tradicionales
   - Desafío para Bancos e Instituciones Financieras: Análisis de cómo las criptomonedas desafían los modelos de negocio de los bancos tradicionales.

- Respuestas regulatorias y políticas: exploración de las respuestas de los gobiernos y reguladores al aumento de las criptomonedas.

4. Desigualdades socioeconómicas
   - Distribución geográfica de los usuarios de criptomonedas: estudio de la demografía de los usuarios de criptomonedas en todo el mundo y las desigualdades socioeconómicas resultantes.
   - Criptomonedas e Inclusión Financiera: Evaluación de la efectividad de las criptomonedas para reducir la pobreza y mejorar la inclusión financiera.

5. Cultura y percepción social
   - Criptomonedas en la Cultura Popular: Análisis de la representación de las criptomonedas en los medios, la cultura popular y su impacto en la percepción pública.
   - Confianza y adopción social: exploración de los factores que influyen en la confianza y la adopción de criptomonedas por parte del público en general.

6. Perspectivas de futuro
   - Potencial de cambio social: Reflexión sobre el potencial de las criptomonedas para generar un cambio social significativo, particularmente en las áreas de equidad y acceso financiero.
   - Próximos desafíos y oportunidades: Discusión de desafíos futuros, como el equilibrio entre innovación y regulación, y oportunidades para una mayor integración de las criptomonedas.

Conclusión

Las criptomonedas representan tanto una promesa de democratización financiera como el riesgo de crear una nueva élite. Este capítulo exploró los matices de este impacto, destacando las oportunidades y desafíos que presentan las criptomonedas para diferentes grupos sociales. Al comprender estas dinámicas, podemos comprender mejor el papel potencial de las criptomonedas en la configuración de la futura estructura socioeconómica.

Capítulo 6: Criptomonedas en crisis económicas: ¿refugio o riesgo?

Introducción

Las criptomonedas, con su naturaleza descentralizada y su independencia de los sistemas financieros tradicionales, han sido percibidas a veces como refugios en tiempos de crisis económica, a veces como inversiones de alto riesgo. Este capítulo examina el papel de las criptomonedas durante períodos de turbulencia económica, evaluando su confiabilidad y desempeño como activos de refugio seguro.

1. Las criptomonedas como refugio seguro

- Estabilidad en tiempos de crisis: análisis de cuándo las criptomonedas ganaron popularidad como activos estables o refugios seguros durante las crisis financieras.
- Comparación con Oro y Otros Activos Refugio Seguro: Estudio comparativo de las criptomonedas con activos refugio tradicionales como el oro, en términos de rendimiento y estabilidad.

2. Riesgos y volatilidad

- Volatilidad de precios: examina la volatilidad inherente de las criptomonedas y su impacto en su confiabilidad como inversión durante las crisis.
- Factores que contribuyen a la volatilidad: análisis de factores que contribuyen a la volatilidad de las criptomonedas, incluida la especulación, las regulaciones y los eventos geopolíticos.

3. Criptomonedas y crisis financieras

- Reacciones a las crisis económicas globales: estudio de caso sobre el desempeño de las criptomonedas durante crisis económicas específicas, como la crisis financiera de 2008 y la pandemia de COVID-19.
- Adopción de criptomonedas en tiempos de crisis: explorando cómo las crisis económicas influyen en la

adopción y el uso de criptomonedas en todo el mundo.

4. Diversificación y Gestión de Riesgos
- Criptomonedas en carteras de inversión: Discusión sobre el papel de las criptomonedas en la diversificación de las carteras de inversión y la gestión de riesgos.
- Estrategias de Inversión en Tiempos de Crisis: Análisis de las estrategias adoptadas por los inversores en criptomonedas durante periodos de crisis económica.

5. Normativas y Seguridad
- Impacto de las regulaciones en tiempos de crisis: evaluación del impacto de los cambios regulatorios en las criptomonedas durante las crisis económicas.
- Seguridad de las inversiones en criptomonedas: Discusión de las medidas de seguridad y los riesgos asociados con la inversión en criptomonedas durante períodos de inestabilidad.

6. Perspectivas de futuro
- Criptomonedas en escenarios de crisis futuras: Reflexiones sobre el potencial de las criptomonedas como activos de refugio en futuras crisis económicas.
- Desarrollos e innovaciones esperados: explorar innovaciones en el espacio de las criptomonedas que podrían influir en su papel en tiempos de crisis.

Conclusión

Las criptomonedas presentan un perfil complejo como activos de refugio seguro durante las crisis económicas. Ofrecen oportunidades únicas de diversificación y resiliencia, pero también riesgos importantes vinculados a su volatilidad e incertidumbre regulatoria. Este capítulo ha destacado las múltiples facetas de las criptomonedas en el contexto de las crisis económicas, proporcionando una perspectiva equilibrada sobre su papel potencial como refugio seguro o activo de riesgo.

Capítulo 7: Análisis de las burbujas especulativas en la historia de las criptomonedas

Introducción

La historia de las criptomonedas ha estado marcada por varias burbujas especulativas, en las que aumentos de precios rápidos y a menudo insostenibles fueron seguidos de correcciones igualmente dramáticas. Este capítulo explora estas burbujas especulativas, examinando sus causas, consecuencias y lecciones aprendidas.

1. Naturaleza de las burbujas especulativas
   - Definición y Características: Introducción a los conceptos de burbujas especulativas, con énfasis en sus características en el contexto de las criptomonedas.
   - Psicología del Inversor: Análisis de la psicología del inversor y cómo contribuye a la formación y estallido de burbujas.
2. Burbujas históricas en las criptomonedas
   - La burbuja de Bitcoin de 2017: mirada en profundidad a la burbuja de Bitcoin de 2017, incluidos los factores que llevaron a su rápido ascenso y posterior caída.
   - Otros ejemplos importantes: examinar otras burbujas especulativas en la historia de las criptomonedas, como las primeras subidas de precios de Ethereum y otras altcoins.
3. Factores contribuyentes
   - Especulación y exageración mediática: exploración del papel de la especulación y la atención de los medios en la creación de burbujas especulativas.
   - Influencia de nuevos inversores: discusión sobre el impacto de los nuevos inversores atraídos por ganancias rápidas, a menudo sin un conocimiento profundo del mercado.
   - Papel de los intercambios y las ICO: análisis de cómo los intercambios y las ofertas iniciales de monedas (ICO) han contribuido a ciertas burbujas.
4. Consecuencias económicas y sociales
   - Impacto en los inversores individuales: evaluación del impacto de las burbujas especulativas en los inversores individuales, en particular aquellos que ingresan al mercado en el pico de la burbuja.
   - Efectos en el mercado de las criptomonedas: Discusión sobre

cómo estas burbujas han afectado la percepción general de las criptomonedas y su adopción a largo plazo.

5. Regulación y Prevención
- Respuestas regulatorias: examen de las respuestas regulatorias a las burbujas especulativas y su eficacia para prevenir futuras burbujas.
- Estrategias de Prevención para Inversores: Consejos y estrategias para que los inversores eviten los peligros de las burbujas especulativas.

6. Lecciones aprendidas y perspectivas futuras
- Análisis de tendencias pasadas: reflexiones sobre las lecciones aprendidas de burbujas anteriores y cómo pueden informar estrategias de inversión futuras.
- Previsiones para el futuro de las criptomonedas: Discusión sobre las perspectivas futuras de las criptomonedas y la probabilidad de nuevas burbujas especulativas.

Conclusión

Las burbujas especulativas en la historia de las criptomonedas ofrecen lecciones importantes sobre la naturaleza volátil de estos activos, la psicología de los inversores y la importancia de una regulación equilibrada. Al comprender las causas y consecuencias de estos eventos, los inversores y reguladores pueden estar mejor preparados para navegar en el dinámico mercado de las criptomonedas. Este capítulo ha destacado la importancia de la educación financiera y la prudencia en un campo caracterizado por la rápida innovación y la volatilidad.

Capítulo 8: Criptomonedas y evasión fiscal: desafíos y soluciones

Introducción

Las criptomonedas, con su naturaleza descentralizada y relativo anonimato, han generado preocupación sobre su posible uso para la evasión fiscal. Este capítulo explora los problemas relacionados con la evasión fiscal a través de las criptomonedas y examina las soluciones propuestas para remediarlos.

1. Criptomonedas y anonimato

- Naturaleza anónima de las transacciones: Discusión sobre cómo el anonimato de las transacciones de criptomonedas puede facilitar la evasión fiscal.
- Comparación con los Sistemas Financieros Tradicionales: Análisis de las diferencias entre las criptomonedas y los sistemas financieros tradicionales en términos de trazabilidad y transparencia.

2. Cuestiones fiscales y regulatorias
   - Desafíos para las autoridades tributarias: Explorar las dificultades que enfrentan las autoridades tributarias al rastrear y gravar las transacciones de criptomonedas.
   - Marcos regulatorios internacionales: examen de los esfuerzos internacionales para integrar las criptomonedas en los marcos fiscales existentes.

3. Casos de evasión fiscal y estudios de caso
   - Ejemplos Destacados de Evasión Fiscal: Presentación de casos reales donde se han utilizado criptomonedas para la evasión fiscal.
   - Análisis de métodos de evasión: Discusión de tácticas y estrategias utilizadas para evitar la detección y los impuestos.

4. Soluciones Tecnológicas y Regulatorias
   - Mejorar la transparencia: explorar tecnologías, como cadenas de bloques públicas y herramientas de análisis de transacciones, que puedan aumentar la transparencia.
   - Regulaciones y Cumplimiento: Discusión de las leyes y regulaciones implementadas para combatir la evasión fiscal a través de criptomonedas.

5. Colaboración internacional e intercambio de información
   - Iniciativas Globales: Revisión de iniciativas internacionales para una mejor colaboración e intercambio de información entre países.
   - Equilibrio entre la privacidad y el cumplimiento fiscal: debate sobre cómo equilibrar la privacidad del usuario con los requisitos de cumplimiento fiscal.

6. Educación y Concientización
- Papel de la Educación Financiera: Importancia de la educación financiera para educar a los usuarios de criptomonedas sobre las obligaciones tributarias.
- Campañas de concientización de las autoridades tributarias: Presentación de los esfuerzos de las autoridades tributarias para informar al público sobre la tributación de las criptomonedas.

7. Perspectivas de futuro
- Evolución de la Normativa: Reflexiones sobre la evolución futura de la normativa tributaria en materia de criptomonedas.
- Tecnologías emergentes y tributación: Discusión sobre el impacto potencial de las nuevas tecnologías blockchain en la gestión de la evasión fiscal.

Conclusión

La evasión fiscal a través de criptomonedas representa un desafío complejo que requiere una respuesta coordinada que involucre tecnología, regulación y educación. Este capítulo ha destacado cuestiones clave y posibles soluciones, enfatizando la importancia de un enfoque equilibrado que proteja tanto la integridad de los sistemas tributarios como la privacidad de los usuarios. Al abordar estos problemas de manera proactiva, es posible garantizar que las criptomonedas se utilicen de manera responsable y de conformidad con las leyes fiscales.

Capítulo 9: Microeconomía de los tokens no fungibles (NFT)

Introducción

Los tokens no fungibles (NFT) han revolucionado el concepto de propiedad digital, creando un nuevo mercado y una nueva dinámica económica. Este capítulo explora la microeconomía de las NFT, examinando su creación, su valor y su impacto en diversos sectores.

1. Comprender las NFT
- Definición y características: Introducción a las NFT,

explicando qué las hace únicas en comparación con los activos digitales tradicionales.
- Tecnología Blockchain y NFT: Discusión sobre cómo la tecnología blockchain sustenta las NFT y garantiza su singularidad y trazabilidad.

2. Creación y emisión de NFT
- Proceso de creación: exploración del proceso de creación (o "acuñación") de NFT, incluidos los aspectos técnicos y creativos.
- Factores que determinan el valor: análisis de factores que influyen en el valor de las NFT, como la rareza, el artista, la historia y la comunidad.

3. Mercados y plataformas NFT
- Dinámica del mercado NFT: examina las características únicas del mercado NFT, incluida la liquidez, la volatilidad y las tendencias.
- Plataformas de negociación de NFT: descripción general de las principales plataformas de negociación de NFT y su función para facilitar las transacciones.

4. Uso y aplicaciones de las NFT
- NFT en el arte y la cultura: discusión sobre el uso de NFT en el mundo del arte, incluidas las subastas y la propiedad digital.
- NFT en videojuegos y entretenimiento: exploración del uso de NFT en videojuegos y entretenimiento, y su impacto en estas industrias.

5. Especulación e inversión en NFT
- NFT como inversiones: análisis de la popularidad de las NFT como activos de inversión y los riesgos asociados.
- Burbujas especulativas y estabilidad del mercado: discusión sobre las burbujas especulativas en el mercado NFT y su posible impacto a largo plazo.

6. Cuestiones éticas y legales
- Derechos de autor y propiedad intelectual: examen de cuestiones de derechos de autor y propiedad intelectual relacionadas con las NFT.

- Consideraciones éticas y ambientales: Discusión de preocupaciones éticas y ambientales, incluido el impacto ecológico de las NFT mineras.

7. Perspectivas de futuro
   - Próximas innovaciones y desarrollos: reflexiones sobre futuras innovaciones en el espacio NFT y su potencial de integración en varios sectores.
   - Impacto a largo plazo en la economía digital: exploración del impacto potencial de las NFT en la economía digital global y los modelos comerciales tradicionales.

Conclusión

Las NFT representan un avance significativo en la forma en que se percibe y gestiona la propiedad digital, brindando nuevas oportunidades y desafíos. Este capítulo ha arrojado luz sobre la complejidad de la microeconomía de las NFT, destacando su potencial disruptivo, así como las cuestiones éticas y prácticas que plantean. A medida que sigan evolucionando, las NFT podrían redefinir muchos aspectos de la interacción digital y la creación de valor en la economía digital.

Capítulo 10: Criptomonedas y redistribución de la riqueza

Introducción

Las criptomonedas se han presentado como instrumentos potenciales para la redistribución de la riqueza, capaces de alterar las estructuras financieras tradicionales. Este capítulo explora el impacto de las criptomonedas en la distribución de la riqueza a nivel mundial, examinando tanto las oportunidades como los desafíos que presentan.

1. Potencial de redistribución mediante criptomonedas
   - Acceso ampliado a los mercados financieros: discusión sobre cómo las criptomonedas brindan un acceso más amplio a los mercados financieros, particularmente para las poblaciones no bancarizadas.
   - democratización de las inversiones: análisis de cómo las criptomonedas permiten una participación más amplia en

las oportunidades de inversión.
2. Realidades de la distribución de la riqueza en criptomonedas
   - Concentración de riqueza: examen de la concentración actual de riqueza en el espacio de las criptomonedas y sus implicaciones.
   - Volatilidad y Riesgos de Inversión: Discusión sobre la volatilidad de las criptomonedas y su impacto en inversionistas de diferentes niveles de riqueza.
3. Criptomonedas en las economías en desarrollo
   - Impacto en las economías emergentes: exploración del impacto de las criptomonedas en las economías en desarrollo, incluidos los beneficios y riesgos.
   - Casos de uso exitosos: muestra ejemplos en los que las criptomonedas han ayudado a mejorar el acceso financiero y redistribuir la riqueza en las economías emergentes.
4. Barreras a la redistribución equitativa
   - Complejidad Técnica y Educación Financiera: Análisis de las barreras técnicas y la necesidad de educación financiera que pueden limitar el acceso a las criptomonedas.
   - Regulaciones y políticas gubernamentales: Discusión sobre el papel de las regulaciones y políticas gubernamentales para facilitar u obstaculizar la redistribución de la riqueza a través de las criptomonedas.
5. Criptomonedas y desigualdades sociales
   - Criptomonedas y desigualdad de riqueza: evaluación del impacto de las criptomonedas en las desigualdades de riqueza existentes.
   - Desafíos éticos y sociales: Explorando los desafíos éticos y sociales que plantea la creciente adopción de criptomonedas.
6. Perspectivas futuras y potencial de cambio
   - Innovaciones y desarrollos futuros: reflexiones sobre futuras innovaciones en el espacio de las criptomonedas y su potencial para fomentar una redistribución más equitativa de la riqueza.
   - Estrategias para una distribución más equitativa: Discusión de estrategias potenciales para el uso de criptomonedas

como herramientas para la redistribución de la riqueza.
Conclusión
Las criptomonedas presentan tanto oportunidades como desafíos para la redistribución de la riqueza. Ofrecen un potencial significativo para democratizar el acceso a los mercados financieros e influir positivamente en las economías en desarrollo. Sin embargo, para aprovechar plenamente este potencial es necesario abordar desafíos como la concentración de la riqueza, la volatilidad y las barreras técnicas. Este capítulo destaca la importancia de un enfoque equilibrado e informado para aprovechar las criptomonedas como herramientas para el cambio económico y social.
2/2

Capítulo 11: Blockchain y Economía Circular: Potencial y Límites
Introducción
La integración de la tecnología blockchain en la economía circular tiene un potencial considerable para mejorar la trazabilidad, la transparencia y la eficiencia de los recursos. Este capítulo explora cómo blockchain puede facilitar la transición hacia una economía más circular, al tiempo que examina sus limitaciones y desafíos.
1. Principios de la Economía Circular
- Definición y Objetivos: Introducción a los conceptos clave de la economía circular, enfocados a reducir residuos y maximizar el uso de recursos.
- Desafíos actuales: Discusión sobre los desafíos actuales en la implementación de la economía circular, particularmente en términos de trazabilidad y gestión de recursos.

2. Papel de Blockchain en la Economía Circular
- Trazabilidad mejorada: explorar cómo blockchain puede proporcionar una trazabilidad incomparable de productos y materiales a lo largo de su ciclo de vida.
- Transparencia y confiabilidad de datos: Análisis de la capacidad de blockchain para proporcionar datos transparentes y confiables, esenciales para una economía

circular eficiente.

3. Casos de uso y aplicaciones
- Gestión y Reciclaje de Residuos: Presentación de casos de uso de blockchain para mejorar los procesos de gestión y reciclaje de residuos.
- Cadenas de suministro sostenibles: ejemplos de cómo se utiliza blockchain para crear cadenas de suministro más sostenibles y responsables.

4. Potencial de innovación y colaboración
- Plataformas colaborativas: Discusión sobre el potencial de las plataformas basadas en blockchain para facilitar la colaboración entre diferentes actores de la economía circular.
- Innovación en Modelos de Negocio: Exploración de nuevas oportunidades de negocio y modelos económicos posibles gracias a la integración de blockchain.

5. Límites y desafíos de Blockchain
- Consumo de energía: examinar el consumo de energía de ciertas cadenas de bloques y su impacto en los objetivos de sostenibilidad.
- Complejidad técnica y adopción: Análisis de los desafíos relacionados con la complejidad técnica de blockchain y los obstáculos para su adopción generalizada.

6. Perspectivas de futuro
- Desarrollos Tecnológicos: Reflexiones sobre futuros desarrollos en la tecnología blockchain que podrían mejorar su aplicación en la economía circular.
- Integración con otras tecnologías: Discusión sobre cómo se podría integrar blockchain con otras tecnologías innovadoras para fortalecer la economía circular.

Conclusión

Blockchain ofrece interesantes posibilidades para avanzar en la economía circular, gracias a su capacidad de proporcionar trazabilidad, transparencia y eficiencia. Sin embargo, para aprovechar plenamente su potencial, es esencial superar los desafíos relacionados con el consumo de energía y la complejidad técnica. Este capítulo destaca el papel potencial de blockchain como facilitador de la economía circular, al tiempo que reconoce las limitaciones y desafíos para una integración exitosa.

Capítulo 12: Criptomonedas y finanzas verdes: inversiones responsables
Introducción
La intersección de las criptomonedas y las finanzas verdes representa un área emergente y prometedora. Este capítulo explora cómo las criptomonedas pueden contribuir a inversiones más responsables y sostenibles, al tiempo que examina los desafíos y oportunidades asociados con esta convergencia.

1. Finanzas verdes: fundamentos e importancia
   - Principios de las finanzas verdes: Introducción a conceptos clave de las finanzas verdes, incluida la sostenibilidad, la inversión responsable y el impacto ambiental.
   - Papel en la lucha contra el cambio climático: Discusión sobre la importancia de las finanzas verdes en la lucha contra el cambio climático y la promoción del desarrollo sostenible.

2. Criptomonedas y sostenibilidad
   - Impacto Ambiental de las Criptomonedas: Análisis del impacto ambiental de las criptomonedas, particularmente en lo que respecta al consumo de energía minera.
   - Iniciativas de criptomonedas más ecológicas: descripción general de los esfuerzos para hacer que las criptomonedas sean más ecológicas, incluidas alternativas de prueba de trabajo y proyectos de compensación de carbono.

3. Criptomonedas en inversiones sostenibles
   - Tokenización de activos verdes: exploración de la tokenización de activos verdes y su potencial para democratizar el acceso a inversiones sostenibles.
   - Proyectos y plataformas de finanzas verdes basadas en blockchain: Presentación de proyectos y plataformas específicos que utilizan blockchain para facilitar las inversiones verdes.

4. Transparencia y Trazabilidad
- Beneficios de Blockchain para las finanzas verdes: Discusión sobre cómo blockchain puede mejorar la transparencia y la trazabilidad en las inversiones verdes.
- Certificación y Reporte de Proyectos Sostenibles: Análisis del uso de blockchain para la certificación y reporte de proyectos sustentables.

5. Desafíos y críticas
- Desafíos de integración: examina los desafíos de integrar las criptomonedas en las finanzas verdes, incluidas las cuestiones regulatorias y de mercado.
- Críticas y preocupaciones éticas: Discusión de críticas sobre el uso de criptomonedas en las finanzas verdes, particularmente en términos de ética y sostenibilidad real.

6. Perspectivas futuras y potencial de crecimiento
- Innovaciones futuras en finanzas verdes y criptomonedas: reflexiones sobre las innovaciones futuras y el potencial de crecimiento de la intersección entre las finanzas verdes y las criptomonedas.
- Papel potencial en la transición ecológica: exploración del papel potencial de las criptomonedas para facilitar la transición hacia una economía más verde y sostenible.

Conclusión

Las criptomonedas, a pesar de sus desafíos, ofrecen oportunidades únicas para promover inversiones responsables y apoyar las finanzas verdes. Al mejorar la transparencia, la trazabilidad y el acceso a inversiones sostenibles, pueden desempeñar un papel importante en la transición hacia prácticas financieras más sostenibles. Este capítulo destaca la importancia de superar los desafíos ambientales y regulatorios actuales para aprovechar plenamente el potencial de las criptomonedas en la promoción de finanzas más ecológicas y responsables.

Capítulo 13: Impacto ambiental de las granjas mineras

Introducción

La minería de criptomonedas, particularmente de monedas como

Bitcoin, requiere una cantidad significativa de energía, lo que genera preocupaciones ambientales. Este capítulo examina el impacto ambiental de las granjas mineras de criptomonedas y explora posibles soluciones para reducir su huella ecológica.

1. Proceso Minero y Consumo de Energía
   - Cómo funcionan las granjas mineras: explicación del proceso de minería, incluida la función de las granjas mineras en la validación de transacciones y la creación de nuevas unidades monetarias.
   - Alto Consumo Energético: Análisis del consumo energético de las grandes explotaciones mineras y su impacto en el medio ambiente.
2. Impacto ambiental
   - Emisiones de Gases de Efecto Invernadero: Evaluación de las emisiones de CO_2 y otros gases de efecto invernadero derivadas de la intensa actividad de las explotaciones mineras.
   - Uso de recursos energéticos: Discusión de las fuentes de energía utilizadas por las granjas mineras, incluida la energía renovable y no renovable.
3. Geografía de las granjas mineras
   - Distribución global de granjas mineras: examen de la distribución geográfica de las granjas mineras y su impacto ambiental en diferentes regiones.
   - Migración de granjas mineras: Análisis de las tendencias de reubicación de granjas mineras a regiones que ofrecen electricidad más barata o más ecológica.
4. Soluciones e innovaciones
   - Minería más ecológica: Presentar iniciativas para hacer que la minería de criptomonedas sea más ecológica, incluido el uso de energía renovable.
   - Innovaciones tecnológicas: exploración de avances tecnológicos, como sistemas de refrigeración más eficientes y hardware de minería energéticamente eficiente.
5. Alternativas a la minería tradicional

- Modelos de consenso alternativos: Discusión de alternativas al modelo de Prueba de trabajo, como Prueba de participación, y su impacto potencialmente reducido en el medio ambiente.
- Descentralización y Energía: Análisis de la relación entre la descentralización de las criptomonedas y los requerimientos energéticos.

6. Regulaciones y Políticas
- Respuestas políticas y regulatorias: revisión de políticas y regulaciones gubernamentales destinadas a limitar el impacto ambiental de las granjas mineras.
- Incentivos para prácticas mineras sostenibles: Discusión sobre incentivos económicos y fiscales para fomentar prácticas mineras más sostenibles.

7. Perspectivas de futuro
- Cambiando el panorama minero: reflexiones sobre el futuro de la minería de criptomonedas y su impacto ambiental.
- Papel de las comunidades y los inversores: explorar el papel que las comunidades y los inversores de criptomonedas pueden desempeñar en la promoción de prácticas mineras respetuosas con el medio ambiente.

Conclusión

El impacto ambiental de las granjas mineras es una gran preocupación en el mundo de las criptomonedas. A medida que la demanda de criptomonedas continúa creciendo, es fundamental encontrar formas de reducir su huella ecológica. Este capítulo destaca la necesidad de un enfoque equilibrado que considere tanto los beneficios económicos de la minería de criptomonedas como la imperiosa necesidad de proteger nuestro medio ambiente.

Capítulo 14: Desarrollo de Blockchains Eco-responsables

Introducción

Ante la creciente preocupación por el impacto ambiental de las tecnologías blockchain, particularmente en lo que respecta al consumo de energía, el desarrollo de blockchains eco-responsables se ha convertido en un tema de primordial importancia.

Este capítulo explora estrategias e innovaciones para hacer que blockchain sea más sostenible y respetuosa con el medio ambiente.

1. Cuestiones medioambientales de las cadenas de bloques actuales
   - Consumo Energético de Blockchains: Análisis del alto consumo energético asociado a determinados modelos de blockchain, en particular aquellos que utilizan el sistema Proof of Work.
   - Impacto de Carbono: Evaluación de la huella de carbono de blockchains y su impacto en el cambio climático.

2. Innovaciones en el consenso ecológico
   - Prueba de participación: Presentación de la prueba de participación como una alternativa energéticamente eficiente a la prueba de trabajo.
   - Otros modelos de consenso: explorar otros modelos de consenso innovadores y que consuman menos energía, como la prueba de autoridad y la prueba de participación delegada.

3. Uso de energías renovables
   - Blockchain y Energía Verde: Debate sobre el uso de energías renovables para alimentar infraestructuras blockchain.
   - Proyectos e Iniciativas: Presentación de proyectos blockchain específicos que utilicen o fomenten el uso de energías renovables.

4. Optimización de la Eficiencia Energética
   - Mejoras tecnológicas: exploración de avances tecnológicos destinados a mejorar la eficiencia energética de las cadenas de bloques, incluido el hardware de minería.
   - Reducción de Carga Computacional: Análisis de métodos para reducir la carga computacional necesaria para el funcionamiento de blockchains.

5. Regulaciones y Estándares Ecológicos
   - Marcos regulatorios: Examen de políticas y regulaciones que podrían fomentar o requerir el desarrollo de blockchains eco-responsables.

- Estándares y Certificaciones: Discusión sobre el establecimiento de estándares y certificaciones para promover prácticas sustentables en la industria blockchain.

6. Concientización y participación comunitaria
- Papel de las comunidades de desarrolladores: resaltar la importancia de la conciencia y el compromiso de las comunidades de desarrolladores en la promoción de cadenas de bloques sostenibles.
- Educación y Recursos: Importancia de la educación y provisión de recursos para apoyar el desarrollo de blockchains eco-responsables.

7. Perspectivas de futuro
- Próximas tendencias e innovaciones: reflexiones sobre las tendencias futuras y las posibles innovaciones en el campo de las cadenas de bloques ecológicas.
- Impacto a largo plazo en la industria: Explorando el impacto potencial a largo plazo de blockchains más sostenibles en la industria blockchain y más allá.

Conclusión

El desarrollo de cadenas de bloques ecológicas es esencial para garantizar la sostenibilidad a largo plazo de esta tecnología revolucionaria. Combinando innovaciones consensuadas, el uso de energías renovables, mejoras tecnológicas y un marco regulatorio adaptado, es posible reducir significativamente el impacto ambiental de blockchain. Este capítulo destaca la importancia de un enfoque holístico y colaborativo para desarrollar soluciones blockchain que no solo sean eficientes y seguras, sino también respetuosas con nuestro medio ambiente.

Capítulo 15: Criptomonedas y gestión de recursos naturales

Introducción

La intersección entre las criptomonedas y la gestión de los recursos naturales abre perspectivas innovadoras para monitorear, regular y optimizar el uso de los recursos. Este capítulo explora cómo las tecnologías de criptomonedas, en particular blockchain, pueden aplicarse a la gestión de recursos naturales.

1. Blockchain y Trazabilidad de Recursos
   - Seguimiento de recursos naturales: Explorando el uso de blockchain para el seguimiento transparente e inalterable de los recursos naturales, desde su extracción hasta su consumo.
   - Casos de uso: Presentación de ejemplos concretos donde se ha utilizado blockchain para rastrear recursos como madera, agua, minerales, etc.

2. Mejora de la Gestión Sostenible
   - Estándares de Certificación y Sostenibilidad: Discusión sobre el uso de blockchain para certificar el cumplimiento de estándares de sostenibilidad en el manejo de recursos naturales.
   - Reducción del Impacto Ambiental: Análisis de cómo blockchain puede ayudar a reducir el impacto ambiental optimizando el uso de los recursos.

3. Mercados Descentralizados de Recursos Naturales
   - Plataformas comerciales basadas en Blockchain: Explorando la creación de mercados descentralizados para el comercio de recursos naturales, aumentando la eficiencia y la transparencia.
   - Tokenización de Recursos Naturales: Discusión sobre la tokenización de recursos naturales, permitiendo una nueva forma de comercio e inversión.

4. Participación y compromiso de la comunidad
   - Involucramiento de las Comunidades Locales: Análisis del impacto de blockchain en la participación de las comunidades locales en la gestión de los recursos naturales.
   - Modelos económicos inclusivos: exploración de modelos económicos que utilizan blockchain para garantizar una distribución más equitativa de los beneficios de los recursos naturales.

5. Desafíos y limitaciones
   - Complejidad técnica y accesibilidad: examen de los desafíos

técnicos y problemas de accesibilidad relacionados con el uso de blockchain en la gestión de recursos naturales.
- Cuestiones regulatorias y de gobernanza: Discusión sobre los desafíos de gobernanza y las necesidades regulatorias para una integración efectiva de blockchain en esta área.

6. Perspectivas de futuro e innovaciones
- Tecnologías emergentes: reflexiones sobre la integración de tecnologías emergentes, como la IA y la IoT, con blockchain para mejorar la gestión de los recursos naturales.
- Impacto a largo plazo en la gestión de recursos: exploración del impacto potencial a largo plazo de estas tecnologías en la conservación y gestión sostenible de los recursos naturales.

Conclusión

La integración de la tecnología blockchain en la gestión de recursos naturales ofrece posibilidades prometedoras para mejorar la trazabilidad, la sostenibilidad y la eficiencia. Aunque presenta desafíos técnicos y regulatorios, este enfoque innovador tiene el potencial de transformar la forma en que se gestionan, comercializan y preservan los recursos naturales, promoviendo la transparencia, la equidad y la sostenibilidad. Este capítulo destaca la importancia de la exploración y adopción continua de estas tecnologías para un futuro más sostenible.

Capítulo 16: Blockchain en la atención sanitaria: privacidad y eficiencia

Introducción

La adopción de la tecnología blockchain en el sector sanitario promete revolucionar la gestión de datos médicos en términos de privacidad, seguridad y eficiencia. Este capítulo explora las aplicaciones potenciales de blockchain en la atención médica y los desafíos para su integración exitosa.

1. Desafíos de la gestión de datos sanitarios
- Sensibilidad de los datos médicos: Discusión sobre la naturaleza sensible de los datos de salud y la importancia de protegerlos.

- Desafíos actuales: Análisis de los desafíos actuales en el almacenamiento, el acceso y el intercambio de datos de salud.

2. Blockchain para seguridad y privacidad
   - Cifrado y seguridad de datos: Explorando cómo blockchain puede mejorar la seguridad y privacidad de los datos médicos a través de su arquitectura descentralizada y cifrado robusto.
   - Control de acceso y consentimiento del paciente: Discusión sobre el uso de blockchain para gestionar los derechos de acceso a los datos de salud, brindando a los pacientes un mayor control sobre su información.

3. Interoperabilidad y acceso a datos mejorados
   - Intercambio de Datos entre Instituciones: Análisis de la capacidad de blockchain para facilitar el intercambio seguro de datos de salud entre diferentes instituciones y profesionales de la salud.
   - Registros médicos electrónicos en Blockchain: exploración del uso de blockchain para crear registros médicos electrónicos universales y de fácil acceso.

4. Aplicaciones en investigación y seguimiento de fármacos
   - Investigación y ensayos clínicos: discusión sobre el uso de blockchain para mejorar la gestión de datos en la investigación clínica, incluidos los ensayos de medicamentos.
   - Trazabilidad de medicamentos: exploración de la aplicación de blockchain para rastrear la cadena de suministro de medicamentos desde la fabricación hasta la distribución.

5. Desafíos de implementación
   - Complejidad técnica e integración: examen de los desafíos técnicos e integración de blockchain en los sistemas de salud existentes.
   - Cuestiones regulatorias y de cumplimiento: Análisis de cuestiones regulatorias y de cumplimiento, particularmente con respecto a la legislación de protección de datos.

6. Perspectivas de futuro e innovaciones

- Potencial de innovación en el sector sanitario: reflexiones sobre el potencial de innovación que blockchain podría aportar al sector sanitario.
- Tecnologías complementarias: Discusión sobre la integración de blockchain con otras tecnologías, como la inteligencia artificial y el Internet de las cosas (IoT), para mejorar la atención médica.

Conclusión

La integración de blockchain en el sector sanitario ofrece posibilidades prometedoras para mejorar la privacidad, la seguridad y la eficiencia de la gestión de datos médicos. A pesar de los desafíos técnicos y regulatorios, esta tecnología que enfrenta tiene el potencial de transformar radicalmente la forma en que se administran los datos de salud, beneficiando tanto a los profesionales de la salud como a los pacientes. Este capítulo destaca la importancia de continuar el desarrollo y la adopción de soluciones blockchain en la atención médica para un futuro más seguro y eficiente en la gestión de datos médicos.

Capítulo 17: Uso de Criptomonedas en Zonas de Conflicto y Crisis Humanitarias

Introducción

En zonas de conflicto y situaciones de crisis humanitaria, los sistemas financieros tradicionales a menudo están perturbados o son inaccesibles. Las criptomonedas, con su naturaleza descentralizada, ofrecen soluciones potenciales únicas. Este capítulo explora el uso de las criptomonedas en estos contextos difíciles, destacando tanto las oportunidades como los desafíos.

1. Contexto de zonas de conflicto y crisis humanitarias
- Desafíos financieros en zonas de conflicto: examina los problemas financieros comunes en zonas de conflicto, incluida la inestabilidad monetaria y la inaccesibilidad de los servicios bancarios.
- Necesidades Humanitarias Urgentes: Discusión sobre las necesidades humanitarias urgentes y la dificultad de brindar

ayuda efectiva en estas regiones.
2. Ventajas de las criptomonedas en estos contextos
- Transferencias de fondos rápidas y seguras: Explorando la capacidad de las criptomonedas para facilitar transferencias de fondos rápidas y seguras, esenciales para la asistencia humanitaria.
- Reducción de la dependencia de la infraestructura local: análisis de cómo las criptomonedas pueden reducir la dependencia de las infraestructuras financieras locales, que a menudo son inestables o poco confiables en zonas de conflicto.

3. Casos de uso y ejemplos reales
- Ayuda humanitaria distribuida a través de criptomonedas: presentación de ejemplos del mundo real donde se han utilizado criptomonedas para distribuir ayuda humanitaria.
- Uso por poblaciones afectadas: Discusión sobre el uso de criptomonedas por parte de poblaciones directamente afectadas por conflictos y crisis.

4. Desafíos y limitaciones
- Acceso a la tecnología e Internet: Examina los desafíos relacionados con el acceso limitado a la tecnología e Internet, esenciales para el uso de las criptomonedas.
- Cuestiones de Seguridad y Volatilidad: Análisis de preocupaciones respecto a la seguridad de los fondos y la volatilidad de las criptomonedas.

5. Papel de las ONG y las organizaciones internacionales
- Adopción por organizaciones humanitarias: exploración del papel de las ONG y organizaciones internacionales en la adopción de criptomonedas para asistencia humanitaria.
- Capacitación y Concientización: Discusión sobre la importancia de la capacitación y concientización para facilitar el uso de las criptomonedas en estos contextos.

6. Perspectivas futuras y potencial de impacto
- Innovaciones y desarrollos futuros: reflexiones sobre futuras innovaciones en el uso de criptomonedas para ayuda en zonas de conflicto y crisis humanitarias.

- Impacto potencial en la respuesta humanitaria: Explorando el impacto potencial a largo plazo de las criptomonedas en la mejora de la respuesta humanitaria en situaciones de crisis.

Conclusión

Las criptomonedas ofrecen oportunidades únicas para mejorar la entrega de ayuda en zonas de conflicto y crisis humanitarias, gracias a su velocidad, seguridad y naturaleza descentralizada. Sin embargo, su uso eficaz en estos contextos requiere superar desafíos importantes, particularmente en torno al acceso tecnológico y la seguridad. Este capítulo destaca el potencial de las criptomonedas para transformar la respuesta humanitaria en las situaciones más difíciles, al tiempo que reconoce la necesidad de un enfoque cuidadoso y bien informado.

Capítulo 18: Blockchain y Gobernanza: Voto Electrónico y Más Allá

Introducción

La integración de la tecnología blockchain en los procesos de gobernanza promete aportar transparencia, seguridad y eficiencia, particularmente en el ámbito del voto electrónico. Este capítulo explora las posibles aplicaciones de blockchain en la gobernanza, centrándose en el voto electrónico, al tiempo que examina los desafíos y las implicaciones de esta tecnología.

1. Principios de Blockchain en la Gobernanza
- Transparencia y Seguridad con Blockchain: Introducción a los beneficios de blockchain en términos de transparencia y seguridad de datos, esenciales para la gobernanza.
- Descentralización en la toma de decisiones: Discusión sobre el papel de la descentralización en la toma de decisiones y la gobernanza.

2. Voto Electrónico Basado en Blockchain
- Potencial del voto electrónico: Explorar el potencial del voto electrónico para mejorar la participación y accesibilidad de los procesos electorales.
- Seguridad y anonimato de los votos: análisis de cómo blockchain puede asegurar los votos y preservar el

anonimato de los votantes.
3. Casos de uso y proyectos piloto
- Ejemplos de Sistemas de Votación Blockchain: Presentación de casos de uso reales y proyectos piloto de sistemas de votación basados en blockchain.
- Comentarios y Lecciones: Discusión sobre lecciones aprendidas de las primeras implementaciones de voto electrónico basado en blockchain.

4. Gestión de identidad digital
- Identidades digitales en Blockchain: Explorando el uso de blockchain para la gestión de identidades digitales, aspecto crucial para el voto electrónico.
- Protección de la Privacidad y Cumplimiento Normativo: Análisis de los desafíos relacionados con la protección de la privacidad y el cumplimiento normativo en la gestión de identidad digital.

5. Desafíos y limitaciones
- Desafíos técnicos y adopción: examen de los desafíos técnicos y las barreras para la adopción generalizada del voto electrónico basado en blockchain.
- Cuestiones de seguridad y confianza: Discusión de preocupaciones de seguridad y confianza en los sistemas de votación electrónica.

6. Implicaciones para la democracia y la participación ciudadana
- Impacto en la participación ciudadana: Reflexiones sobre el impacto potencial del voto electrónico basado en blockchain en la participación ciudadana y el compromiso democrático.
- El futuro de la gobernanza democrática: exploración de las implicaciones a largo plazo de la adopción de blockchain para la gobernanza democrática.

7. Perspectivas de futuro e innovaciones
- Desarrollos tecnológicos: Reflexiones sobre futuras innovaciones en el campo del voto electrónico y la gobernanza basada en blockchain.
- Integración con otras tecnologías: Discusión sobre la posible integración de blockchain con otras tecnologías emergentes

para fortalecer la gobernanza.

Conclusión

El uso de blockchain en la gobernanza y el voto electrónico ofrece perspectivas prometedoras para fortalecer la seguridad, la transparencia y la participación en los procesos democráticos. A pesar de los desafíos técnicos y regulatorios, la tecnología que enfrenta tiene el potencial de transformar significativamente la forma en que se toman las decisiones y se establece la confianza en los sistemas de gobernanza. Este capítulo destaca la importancia de continuar el desarrollo y la experimentación de soluciones blockchain en el área de gobernanza para un futuro más inclusivo y transparente.

Capítulo 19: Criptomonedas y arte: más allá de las NFT

Introducción

La intersección entre las criptomonedas y el mundo del arte se extiende mucho más allá de los tokens no fungibles (NFT). Este capítulo explora las diversas formas en que las criptomonedas influyen en el sector artístico, en términos de financiación, propiedad, distribución y curación de obras de arte.

1. Impacto de las criptomonedas en el mercado del arte
   - Nuevas formas de financiación: explorando las formas en que las criptomonedas ofrecen nuevos métodos de financiación para artistas y proyectos artísticos.
   - Democratización del Acceso al Arte: Análisis del impacto de las criptomonedas en la accesibilidad y democratización de la compra y colección de obras de arte.
2. Criptomonedas y modelos de negocio artísticos
   - Pago directo a artistas: discusión sobre cómo las criptomonedas permiten el pago directo y transparente a los artistas por su trabajo.
   - Modelos de ingresos innovadores: exploración de nuevos modelos de ingresos para artistas y galerías, facilitados por las criptomonedas.
3. Más allá de las NFT: otras aplicaciones en el arte
   - Criptomonedas para la conservación del arte: Examinando

el uso de criptomonedas para financiar la conservación y restauración de obras de arte.
- Blockchain para Procedencia y Autenticidad: Análisis del uso de blockchain para asegurar la procedencia y autenticidad de las obras de arte.

4. Desafíos y limitaciones
- Volatilidad de las criptomonedas: Discusión de los desafíos que plantea la volatilidad de las criptomonedas en el mercado del arte.
- Cuestiones legales y de derechos de autor: Exploración de cuestiones legales, particularmente derechos de autor y propiedad intelectual, relacionadas con el uso de criptomonedas en el art.

5. Estudios de casos y ejemplos exitosos
- Proyectos Artísticos Financiados con Criptomonedas: Presentación de casos de estudio donde las criptomonedas han jugado un papel clave en la financiación y realización de proyectos artísticos.
- Galerías y Exposiciones Innovadoras: Ejemplos de galerías y exposiciones que integran criptomonedas en su operación.

6. Perspectivas futuras y potencial de crecimiento
- Evolución de las tendencias en arte y tecnología: reflexiones sobre la evolución futura de las tendencias en la intersección del arte y las criptomonedas.
- Impacto a largo plazo en el sector del arte: Explorando el impacto potencial a largo plazo de las criptomonedas en el sector del arte, en términos de creación, distribución y conservación del arte.

Conclusión

Las criptomonedas ofrecen posibilidades apasionantes para transformar el sector de las artes, proporcionando nuevas vías para la financiación, distribución y verificación del arte. Más allá de las NFT, abren el camino a modelos económicos innovadores y una mayor democratización del arte. Este capítulo destaca la importancia de afrontar cuidadosamente los desafíos legales y económicos, al mismo tiempo que se aprovechan las oportunidades que ofrecen las criptomonedas para enriquecer y diversificar el mundo del arte.

Capítulo 20: Blockchain y gestión de identidad digital

Introducción

La gestión de la identidad digital es una cuestión crucial en la era digital y blockchain ofrece soluciones innovadoras para afrontar este desafío. Este capítulo explora cómo la tecnología blockchain puede revolucionar la gestión de identidades digitales, garantizando seguridad, privacidad y confiabilidad.

1. Cuestiones de identidad digital
   - Importancia de la identidad digital: Introducción a la creciente importancia de la identidad digital en diversos aspectos de la vida diaria y en línea.
   - Desafíos actuales: Discusión de los desafíos actuales en seguridad, privacidad y gestión de identidad digital.
2. Blockchain para una gestión segura de la identidad
   - Principios de Blockchain en la gestión de identidades: exploración de cómo blockchain puede proporcionar una plataforma segura y descentralizada para la gestión de identidades digitales.
   - Beneficios en términos de Seguridad y Privacidad: Análisis de los beneficios de blockchain en términos de protección de datos personales y prevención del fraude de identidad.
3. Aplicaciones prácticas
   - Autenticación y verificación de identidad: introducción de aplicaciones prácticas de blockchain para autenticación y verificación de identidad en diversas industrias, como finanzas, atención médica y comercio electrónico.
   - Gestión de acceso y autorización: discusión sobre el uso de blockchain para gestionar el acceso y la autorización de manera segura y transparente.
4. Soberanía de datos y control de usuarios
   - Empoderamiento del usuario: explorar cómo blockchain permite a los usuarios controlar sus propios datos de

identidad.
- Portabilidad de Datos: Análisis de la portabilidad de los datos de identidad digital gracias a blockchain, facilitando su uso entre diferentes servicios y plataformas.

5. Desafíos y limitaciones
- Complejidad técnica y adopción: examen de los desafíos técnicos y las barreras para la adopción generalizada de la gestión de identidades basada en blockchain.
- Cuestiones regulatorias y de cumplimiento: Discusión de cuestiones regulatorias y de cumplimiento relacionadas con el uso de blockchain para la gestión de identidad digital.

6. Perspectivas de futuro e innovaciones
- Desarrollos y tendencias tecnológicos: reflexiones sobre los desarrollos futuros de blockchain en la gestión de identidad digital y las tendencias emergentes en esta área.
- Integración con otras tecnologías: explorar la posible integración de blockchain con otras tecnologías, como la inteligencia artificial y el Internet de las cosas (IoT), para mejorar la gestión de identidades.

Conclusión

Blockchain tiene un potencial significativo para transformar la gestión de identidades digitales, proporcionando una solución más segura, privada y controlada por el usuario. Aunque enfrenta desafíos técnicos y regulatorios, esta tecnología promete traer cambios significativos en la forma en que se gestionan y utilizan las identidades digitales en diversas industrias. Este capítulo destaca la importancia del desarrollo y la innovación continuos en esta área para aprovechar plenamente el potencial de blockchain en la gestión de identidad digital.

Capítulo 21: IA para la predicción del mercado de criptomonedas
Introducción
La inteligencia artificial (IA) está desempeñando un papel cada vez más crucial en el análisis y predicción de los mercados de criptomonedas. Este capítulo explora cómo se utiliza la

IA para comprender y anticipar los movimientos del mercado de criptomonedas, destacando las oportunidades y desafíos asociados con esta tecnología.

1. Fundamentos de la IA en las finanzas
   - Principios de la IA en las Finanzas: Introducción a los conceptos básicos de la IA y su aplicación en el ámbito financiero.
   - Historia de la IA en la Predicción de Mercados: Breve historia del uso de la IA para la predicción de los mercados financieros y su evolución hacia las criptomonedas.
2. IA en el análisis de criptomonedas
   - Modelos y algoritmos predictivos: exploración de los diferentes modelos y algoritmos de IA utilizados para analizar y predecir los mercados de criptomonedas.
   - Análisis Técnico y Fundamental: Discusión sobre la aplicación de la IA al análisis técnico y fundamental de las criptomonedas.
3. Procesamiento de datos y aprendizaje automático
   - Gestión de Big Data: análisis de cómo la IA gestiona y procesa las grandes cantidades de datos generados por los mercados de criptomonedas.
   - Modelado y aprendizaje automático: exploración del uso del aprendizaje automático para desarrollar modelos predictivos en el comercio de criptomonedas.
4. Aplicaciones prácticas de la IA
   - Comercio algorítmico: descripción general de los sistemas de comercio algorítmicos basados en inteligencia artificial para criptomonedas.
   - Gestión de riesgos y optimización de carteras: debate sobre el uso de la IA para la gestión de riesgos y optimización de carteras de criptomonedas.
5. Desafíos y limitaciones
   - Volatilidad y previsibilidad: examina los desafíos que plantea la volatilidad inherente a los mercados de criptomonedas y el impacto en la precisión de las

predicciones de la IA.
- Cuestiones éticas y regulatorias: Análisis de cuestiones éticas y regulatorias relacionadas con el uso de la IA en el comercio de criptomonedas.

6. Perspectivas de futuro e innovaciones
- Desarrollos tecnológicos en IA: reflexiones sobre futuras innovaciones y tendencias emergentes en la aplicación de la IA a los mercados de criptomonedas.
- Impacto potencial en el comercio de criptomonedas: exploración del impacto potencial a largo plazo de la IA en las estrategias comerciales y la dinámica del mercado de criptomonedas.

Conclusión

El uso de la IA para la predicción del mercado de criptomonedas ofrece posibilidades interesantes para los comerciantes e inversores, lo que permite un análisis más profundo y decisiones comerciales más informadas. A pesar de los desafíos en términos de volatilidad y de enfrentar la regulación, la IA continúa evolucionando y promete desempeñar un papel cada vez más importante en la estrategia de comercio de criptomonedas. Este capítulo destaca la importancia de la innovación continua y la precaución en el uso de la IA para navegar en los mercados de criptomonedas en constante cambio.

Capítulo 22: Contratos inteligentes autoescalables utilizando IA

Introducción

La integración de la inteligencia artificial (IA) en los contratos inteligentes allana el camino para contratos inteligentes autoevolucionantes, capaces de adaptarse y responder dinámicamente a condiciones y entornos cambiantes. Este capítulo explora el potencial y las implicaciones de esta fusión entre IA y blockchain en el desarrollo de contratos inteligentes avanzados.

1. Fundamentos de los contratos inteligentes y la IA
- Principios de los Contratos Inteligentes: Introducción a los

contratos inteligentes, su funcionamiento y sus aplicaciones actuales.
- Papel de la IA en los contratos inteligentes: explorar cómo se puede integrar la IA en los contratos inteligentes para mejorar su funcionalidad y eficacia.

2. Desarrollo de contratos inteligentes autoevolutivos
- Características de los contratos inteligentes autoevolutivos: descripción de las características únicas de los contratos inteligentes autoevolutivos, incluida la adaptabilidad y la toma de decisiones autónoma.
- Tecnologías de IA involucradas: análisis de tecnologías de IA específicas utilizadas para desarrollar contratos inteligentes que evolucionan automáticamente, como el aprendizaje automático y el procesamiento del lenguaje natural.

3. Aplicaciones y casos de uso
- Gestión dinámica de contratos: Presentación de las aplicaciones prácticas de los contratos inteligentes autoevolutivos, particularmente en la gestión dinámica de contratos según cambios regulatorios o de mercado.
- Automatización en diversos sectores: exploración del uso de estos contratos inteligentes en diversos sectores, como finanzas, cadena de suministro y administración pública.

4. Beneficios y mejoras
- Eficiencia y reducción de errores: discusión sobre cómo los contratos inteligentes que evolucionan automáticamente pueden aumentar la eficiencia y reducir los errores humanos.
- Capacidad de respuesta y flexibilidad: Análisis de la capacidad de estos contratos para responder con rapidez y flexibilidad a las condiciones cambiantes.

5. Desafíos y consideraciones éticas
- Complejidad y confiabilidad: examinar los desafíos relacionados con la mayor complejidad de los contratos inteligentes que evolucionan automáticamente y su confiabilidad.

- Cuestiones éticas y de seguridad: exploración de implicaciones éticas y preocupaciones de seguridad, particularmente en lo que se refiere a la toma de decisiones autónoma por parte de la IA.

6. Perspectivas futuras e impacto potencial
- Innovaciones futuras en IA y contratos inteligentes: reflexiones sobre las innovaciones futuras y la evolución de los contratos inteligentes autoevolutivos que utilizan IA.
- Impacto en la legislación y la regulación: Discusión sobre el impacto potencial de estas tecnologías en los marcos legales y regulatorios.

Conclusión

Los contratos inteligentes que evolucionan automáticamente representan un avance significativo en blockchain y la IA, y ofrecen posibilidades sin precedentes de automatización y adaptabilidad. Aunque prometedores, plantean desafíos técnicos, éticos y regulatorios que deben abordarse cuidadosamente. Este capítulo destaca la importancia de la innovación continua y la colaboración interdisciplinaria para explotar plenamente el potencial de los contratos inteligentes que evolucionan por sí solos, mientras se navega por sus complejidades e implicaciones.

Capítulo 23: IA y análisis de riesgo de fraude en criptomonedas

Introducción

Con el auge de las criptomonedas, los riesgos de fraude y malversación financiera han aumentado, requiriendo soluciones sofisticadas para su detección y prevención. La inteligencia artificial (IA) ofrece herramientas poderosas para analizar y mitigar estos riesgos. Este capítulo explora la aplicación de la IA en la detección de fraude en el ecosistema de las criptomonedas.

1. Contexto del fraude con criptomonedas
- Naturaleza del fraude con criptomonedas: Introducción a los tipos de fraude que se encuentran comúnmente en el espacio de las criptomonedas, incluido el phishing, los ataques a billeteras y las estafas comerciales.
- Desafíos de detección de fraude: Discusión de los desafíos

únicos que plantea el ecosistema de criptomonedas para la detección de fraude.
2. Papel de la IA en la detección de fraudes
- Tecnologías de IA para la seguridad financiera: exploración de diferentes tecnologías de IA utilizadas para detectar actividades fraudulentas, como el aprendizaje automático y el análisis de datos.
- Modelos predictivos y reconocimiento de patrones: análisis de cómo la IA puede identificar patrones de transacciones sospechosas y predecir posibles riesgos de fraude.
3. Sistemas de Monitoreo y Alerta
- Monitoreo en tiempo real: introducción de sistemas de monitoreo en tiempo real basados en inteligencia artificial para monitorear transacciones y actividades en los intercambios de criptomonedas.
- Mecanismos de Alerta y Respuesta: Discusión de mecanismos de alerta automática y protocolos de respuesta en caso de detección de actividad sospechosa.
4. Análisis y elaboración de perfiles de comportamiento
- Perfiles de usuarios y transacciones: explorar el uso de la IA para perfilar los comportamientos de los usuarios e identificar desviaciones de los patrones normales.
- Prevención de fraude basada en el comportamiento: análisis de cómo el análisis de comportamiento puede ayudar a prevenir el fraude mediante la identificación de comportamientos sospechosos.
5. Desafíos y limitaciones de la IA
- Falsos positivos y precisión del modelo: examinar los desafíos de los falsos positivos y la necesidad de equilibrar la sensibilidad y la especificidad de los modelos de IA.
- Cuestiones éticas y de privacidad: Discusión de las implicaciones éticas y cuestiones de privacidad relacionadas con el uso de IA para el seguimiento y análisis de transacciones.
6. Perspectivas y desarrollos futuros
- Mejoras e innovaciones tecnológicas: reflexiones sobre

futuras mejoras e innovaciones en la aplicación de la IA a la detección de fraudes en criptomonedas.
- Colaboración regulatoria y de la industria: exploración de la importancia de la colaboración entre reguladores, empresas de criptomonedas y desarrolladores de inteligencia artificial para lograr un enfoque eficaz para la prevención del fraude.

Conclusión

El uso de la IA para analizar y mitigar los riesgos de fraude en las criptomonedas es un campo en crecimiento que ofrece soluciones prometedoras para proteger los activos digitales. Aunque presenta desafíos técnicos y éticos, la IA representa una herramienta indispensable para navegar en el complejo y en rápida evolución panorama del fraude con criptomonedas. Este capítulo destaca la importancia de la innovación continua y la colaboración estratégica para fortalecer la seguridad en el ecosistema de las criptomonedas.

Capítulo 24: Desarrollo de criptomonedas administradas por IA

Introducción

La integración de la inteligencia artificial (IA) en la gestión y operación de las criptomonedas representa un avance significativo en el campo de las finanzas digitales. Este capítulo explora las posibilidades y los desafíos asociados con el desarrollo de criptomonedas impulsadas por IA, centrándose en su potencial para revolucionar el mercado de las criptomonedas.

1. Fundamentos de la IA en la gestión de criptomonedas
   - Papel de la IA en las finanzas digitales: Introducción a la creciente importancia de la IA en el sector financiero, particularmente en la gestión de activos digitales.
   - Aplicaciones potenciales de la IA en las criptomonedas: exploración de las diferentes formas en que la IA se puede integrar en la gestión de las criptomonedas.

2. Criptomonedas gestionadas por IA
   - Automatización de Decisiones Comerciales: Análisis de la capacidad de la IA para automatizar decisiones comerciales, optimizando las estrategias de compra y venta.

- Gestión dinámica de carteras: Discusión sobre el uso de IA para la gestión dinámica de carteras, ajustando las inversiones en función de las condiciones cambiantes del mercado.

3. Algoritmos de IA y análisis de mercado
   - Modelos predictivos: introducción de modelos predictivos basados en IA para anticipar las tendencias del mercado de criptomonedas.
   - Análisis de datos de mercado: exploración del uso de la IA para analizar grandes cantidades de datos de mercado, incluidas señales sociales y económicas.

4. Seguridad y Regulación
   - Detección de fraudes y anomalías: examen de la capacidad de la IA para detectar actividades fraudulentas y anomalías en las transacciones de criptomonedas.
   - Cumplimiento regulatorio: Discusión sobre el uso de IA para garantizar el cumplimiento de las regulaciones financieras y las leyes de criptomonedas.

5. Desafíos y limitaciones
   - Complejidad técnica y confiabilidad: análisis de los desafíos técnicos asociados con el desarrollo de criptomonedas impulsadas por IA, incluidas cuestiones de confiabilidad y precisión de predicción.
   - Cuestiones éticas y de transparencia: exploración de preocupaciones éticas y de transparencia relacionadas con el uso de la IA en la gestión de criptomonedas.

6. Perspectivas de futuro e innovaciones
   - Desarrollos tecnológicos en IA y criptomonedas: reflexiones sobre innovaciones futuras y tendencias emergentes en la intersección de IA y criptomonedas.
   - Impacto potencial en el mercado de criptomonedas: exploración del impacto potencial a largo plazo de las criptomonedas administradas por IA en el mercado general de criptomonedas.

Conclusión

El desarrollo de criptomonedas gestionadas por IA representa una frontera apasionante en las finanzas digitales y ofrece oportunidades para una mayor automatización, eficiencia y seguridad. Aunque plantean desafíos técnicos y éticos, estas innovaciones prometen transformar la forma en que operan y se gestionan los mercados de criptomonedas. Este capítulo destaca la importancia de la innovación continua y la colaboración interdisciplinaria para explotar plenamente el potencial de las criptomonedas gestionadas por IA.

Capítulo 25: Optimización de la red AI y Blockchain
Introducción
La integración de la inteligencia artificial (IA) en las redes blockchain ofrece oportunidades para mejorar su eficiencia, seguridad y escalabilidad. Este capítulo explora cómo se puede utilizar la IA para optimizar las redes blockchain, centrándose en las innovaciones y los desafíos asociados con esta integración.

1. Sinergia entre IA y Blockchain
   - Complementariedad de IA y Blockchain: Introducción a los beneficios de combinar IA con la tecnología blockchain, enfatizando sus fortalezas complementarias.
   - Aplicaciones potenciales de la IA en Blockchain: explorar las diferentes formas en que se puede integrar la IA en las redes blockchain para mejorar su rendimiento.

2. Optimización del rendimiento de la red
   - Mejora de la eficiencia de las transacciones: análisis de cómo la IA puede optimizar el procesamiento y la validación de las transacciones en blockchain.
   - Gestión y asignación de recursos: Discusión sobre el uso de la IA para una gestión más eficiente de los recursos dentro de las redes blockchain, incluida la asignación de potencia informática.

3. Seguridad mejorada por IA
   - Detección de amenazas y anomalías: descripción general de los sistemas basados en IA para la detección temprana de amenazas y comportamientos anormales en redes blockchain.

- Respuestas automatizadas a incidentes de seguridad: explorar el uso de IA para automatizar las respuestas a incidentes de seguridad, mejorando así la resiliencia de la red.

4. Escalabilidad y gestión de datos
   - Optimización de la escalabilidad: Análisis de estrategias de IA para mejorar la escalabilidad de las redes blockchain, abordando cuellos de botella y optimizando protocolos de consenso.
   - Gestión inteligente de datos: debate sobre el uso de la IA para una gestión más eficiente de los datos almacenados en la cadena de bloques, incluida la compresión y el archivo de datos.

5. Desafíos y limitaciones
   - Complejidad y costos de implementación: examina los desafíos de integrar la IA en las redes blockchain, incluida la complejidad técnica y los costos asociados.
   - Cuestiones éticas y de privacidad: exploración de preocupaciones éticas y cuestiones de privacidad relacionadas con el uso de la IA en la gestión de redes blockchain.

6. Perspectivas de futuro e innovaciones
   - Desarrollos y tendencias tecnológicos: reflexiones sobre futuras innovaciones y tendencias emergentes en la integración de la IA en las redes blockchain.
   - Impacto potencial en el ecosistema Blockchain: exploración del impacto potencial a largo plazo de la optimización de las redes blockchain con IA en todo el ecosistema blockchain.

Conclusión

La integración de la IA en las redes blockchain representa un prometedor paso adelante para mejorar su eficiencia, seguridad y escalabilidad. Aunque presenta desafíos técnicos y éticos, esta combinación ofrece importantes oportunidades de innovación y mejora para el futuro de las tecnologías blockchain. Este capítulo destaca la importancia de la exploración continua y la adopción cuidadosa de la IA en las redes blockchain para aprovechar plenamente su potencial.

Capítulo 26: Criptomonedas en el espacio: Financiamiento y logística de misiones espaciales

Introducción

La exploración espacial está entrando en una nueva era con la integración de las criptomonedas, ofreciendo soluciones innovadoras para la financiación y logística de las misiones espaciales. Este capítulo examina cómo las criptomonedas y la tecnología blockchain pueden transformar el sector espacial, centrándose en las oportunidades y desafíos asociados.

1. Contexto de la exploración espacial y las criptomonedas
   - Evolución de la Exploración Espacial: Breve historia de la exploración espacial y su financiación.
   - Introducción de las criptomonedas al espacio: exploración de la entrada de las criptomonedas al dominio espacial y su potencial disruptivo.
2. Financiamiento de misiones espaciales con criptomonedas
   - Crowdfunding e Inversiones: Análisis del uso de criptomonedas para crowdfunding e inversiones en proyectos espaciales.
   - Tokenización de proyectos espaciales: Discusión sobre la tokenización de activos y misiones espaciales para facilitar la financiación.
3. Blockchain para la logística espacial
   - Gestión de la cadena de suministro: exploración del uso de blockchain para la gestión de la cadena de suministro en misiones espaciales, desde la fabricación hasta la órbita.
   - Seguimiento y seguridad de activos: Análisis de la aplicación de blockchain para el seguimiento seguro de equipos y tecnologías espaciales.
4. Criptomonedas y economía espacial
   - Transacciones e intercambios en el espacio: Discusión sobre el papel potencial de las criptomonedas en las transacciones económicas y los intercambios en el espacio.

- Desarrollo de una economía espacial sostenible: exploración de las implicaciones de las criptomonedas para el desarrollo de una economía espacial sostenible y autónoma.

5. Desafíos y limitaciones
  - Desafíos técnicos y regulatorios: examen de los desafíos técnicos y regulatorios relacionados con el uso de criptomonedas y blockchain en el espacio.
  - Cuestiones de seguridad y volatilidad: análisis de los problemas de seguridad de las transacciones y la volatilidad de las criptomonedas en el contexto espacial.

6. Perspectivas de futuro e innovaciones
  - Innovaciones tecnológicas y colaboración: reflexiones sobre futuras innovaciones en el uso de criptomonedas y blockchain para la exploración espacial.
  - Asociaciones público-privadas y cooperación internacional: Discusión sobre la importancia de las asociaciones público-privadas y la cooperación internacional para integrar las criptomonedas a la economía espacial.

Conclusión

La integración de las criptomonedas en la exploración espacial abre nuevos horizontes para la financiación y gestión de misiones espaciales. Al ofrecer soluciones innovadoras para los desafíos económicos y logísticos, las criptomonedas tienen el potencial de desempeñar un papel clave en la futura economía espacial. Este capítulo destaca la importancia de la innovación continua y la colaboración intersectorial para aprovechar plenamente el potencial de las criptomonedas en el avance de la exploración espacial.

Capítulo 27: Blockchain e Internet de las cosas (IoT): creación de economías autónomas

Introducción

La intersección de blockchain e Internet de las cosas (IoT) representa un gran paso adelante hacia la creación de economías autosostenibles. Este capítulo explora cómo la combinación de estas dos tecnologías puede transformar las interacciones entre dispositivos conectados y procesos comerciales automatizados.

1. Fundamentos de IoT y Blockchain
   - Principios de IoT: Introducción a los conceptos básicos de Internet de las cosas y su papel en la conectividad moderna.
   - Blockchain en IoT: Explorando la aplicación de blockchain en IoT para proteger datos y transacciones entre dispositivos.
2. Creación de Economías Autónomas
   - Automatización de transacciones: análisis de cómo blockchain puede automatizar transacciones e interacciones entre dispositivos IoT.
   - Economías autónomas basadas en IoT: debate sobre la creación de economías autónomas donde los dispositivos de IoT interactúan y realizan transacciones de forma independiente.
3. Seguridad y gestión de datos
   - Seguridad mejorada con blockchain: exploración del uso de blockchain para fortalecer la seguridad de las redes de IoT y proteger contra ataques cibernéticos.
   - Gestión Transparente de Datos: Análisis de la capacidad de la blockchain para ofrecer una gestión transparente y descentralizada de los datos generados por los dispositivos IoT.
4. Casos de uso y aplicaciones prácticas
   - Ciudades Inteligentes y Gestión Energética: Presentación de aplicaciones de la combinación blockchain-IoT en ciudades inteligentes, particularmente para la gestión inteligente de la energía.
   - Cadena de Suministro y Logística: Discusión sobre la aplicación de esta tecnología en la cadena de suministro para mejorar la trazabilidad y la eficiencia.
5. Desafíos y limitaciones
   - Complejidad técnica e integración: examen de los desafíos técnicos relacionados con la integración de blockchain con IoT.

- Escalabilidad y gestión de recursos: análisis de problemas de escalabilidad y gestión de recursos en redes de IoT de área amplia.

6. Perspectivas de futuro e innovaciones
- Desarrollos tecnológicos: reflexiones sobre futuras innovaciones en la integración de blockchain e IoT.
- Impacto potencial en las industrias y la sociedad: explorar el impacto potencial de estas tecnologías en diversas industrias y la sociedad en su conjunto.

Conclusión

La fusión de blockchain e IoT allana el camino para economías autónomas e inteligentes, donde los dispositivos conectados pueden interactuar y realizar transacciones de forma segura y eficiente. Aunque enfrenta desafíos técnicos y de escalabilidad, esta combinación promete transformar muchas industrias al automatizar procesos y mejorar la seguridad y transparencia de los datos. Este capítulo destaca la importancia de la innovación continua y la colaboración intersectorial para aprovechar plenamente el potencial de blockchain e IoT en la creación de economías autosostenibles.

Capítulo 28: Criptomonedas y la economía cuántica: preparación para el futuro

Introducción

La llegada de la tecnología cuántica presenta tanto oportunidades como desafíos para el mundo de las criptomonedas. Este capítulo explora el impacto potencial de la computación cuántica en las criptomonedas y cómo la industria se está preparando para esta nueva era tecnológica.

1. Fundamentos de la Computación Cuántica
- Principios de la Computación Cuántica: Introducción a los conceptos básicos de la computación cuántica, incluida la superposición y el entrelazamiento cuántico.
- Evolución y estado actual de la tecnología cuántica: descripción general de la evolución de la computación cuántica y su estado actual.

2. Impacto de la computación cuántica en las criptomonedas
   - Amenazas a la seguridad criptográfica: Análisis de las amenazas que la computación cuántica plantea a la seguridad criptográfica actual, en particular a los algoritmos criptográficos en los que se basan muchas criptomonedas.
   - Desafíos para Blockchain y las Criptomonedas: Discusión de los desafíos específicos que presenta la computación cuántica para blockchain y las criptomonedas.
3. Preparación y Adaptación a lo Cuántico
   - Criptografía poscuántica: exploración de desarrollos en criptografía poscuántica diseñada para resistir ataques de computación cuántica.
   - Actualización de Protocolos Blockchain: Análisis de estrategias de actualización de protocolos blockchain para hacerlos resistentes a amenazas cuánticas.
4. Oportunidades que ofrece la computación cuántica
   - Mejora de las capacidades computacionales: discusión sobre cómo la computación cuántica podría mejorar las capacidades computacionales para transacciones y contratos inteligentes.
   - Innovaciones en finanzas y más allá: exploración de las posibles innovaciones que la computación cuántica podría aportar a las finanzas y la tecnología.
5. Desafíos y limitaciones
   - Complejidad y costos de la computación cuántica: examina los desafíos asociados con la complejidad y los altos costos de la computación cuántica.
   - Cuestiones éticas y de seguridad: análisis de cuestiones éticas y preocupaciones de seguridad relacionadas con la adopción de la computación cuántica.
6. Perspectivas y preparación futuras
   - Evolución de la Computación Cuántica: Reflexiones sobre la evolución futura de la computación cuántica y su paulatina integración en el sector de las criptomonedas.
   - Preparación de estrategias para la era cuántica:

discusión de estrategias que los actores de la industria de las criptomonedas pueden adoptar para prepararse para la era de la computación cuántica.

Conclusión

La computación cuántica representa un punto de inflexión tanto para la industria de las criptomonedas, ya que brinda desafíos de seguridad y oportunidades de innovación. Prepararse para esta nueva era tecnológica es fundamental para garantizar la seguridad, viabilidad y eficacia de las criptomonedas en el futuro. Este capítulo destaca la importancia de la adaptación proactiva y la innovación continua para navegar el panorama cambiante de las finanzas digitales en la era cuántica.

Capítulo 29: Explorando las criptomonedas en mundos virtuales y metaversos

Introducción

La aparición de mundos virtuales y el metaverso está creando nuevas fronteras para el uso de las criptomonedas. Este capítulo examina cómo se integran las criptomonedas en estos espacios digitales, centrándose en su papel en las transacciones, la propiedad digital y la economía virtual.

1. Mundos virtuales y el metaverso
   - Definición y Evolución del Metaverso: Introducción a los conceptos de mundos virtuales y metaverso, y su rápida evolución.
   - Importancia económica de los mundos virtuales: Discusión sobre la creciente importancia de los mundos virtuales y el metaverso en la economía digital.

2. Criptomonedas en el Metaverso
   - Papel de las Criptomonedas: Análisis del papel de las criptomonedas en las transacciones dentro de mundos virtuales, incluida la compra de bienes y servicios virtuales.
   - Integración de criptomonedas: exploración de cómo se integran las criptomonedas en plataformas metaversas para facilitar el intercambio económico.

3. Propiedad digital y NFT
- NFT en el Metaverso: Discusión sobre el uso de tokens no fungibles (NFT) para representar la propiedad de activos digitales únicos en mundos virtuales.
- Mercados NFT y economía virtual: análisis de los mercados NFT en el metaverso y su impacto en la economía virtual.

4. Desarrollo de economías virtuales
- Creando economías autónomas: explorando la creación de economías autónomas dentro de mundos virtuales, respaldadas por criptomonedas.
- Desafíos y Oportunidades Económicas: Discusión de los desafíos y oportunidades asociados al desarrollo de economías virtuales basadas en criptomonedas.

5. Desafíos regulatorios y de seguridad
- Seguridad de las transacciones: examen de los desafíos de seguridad asociados con el uso de criptomonedas en mundos virtuales.
- Cuestiones regulatorias: análisis de cuestiones regulatorias y legales emergentes relacionadas con las transacciones de criptomonedas en el metaverso.

6. Perspectivas de futuro e innovaciones
- Desarrollos y tendencias tecnológicos: Reflexiones sobre los desarrollos futuros en los mundos virtuales y el metaverso, y la integración continua de las criptomonedas.
- Impacto en las industrias y la sociedad: exploración del impacto potencial de los mundos virtuales y las criptomonedas en diversas industrias y la sociedad en su conjunto.

Conclusión

La integración de las criptomonedas en los mundos virtuales y el metaverso representa un avance apasionante en la economía digital. Ofrece posibilidades únicas para la propiedad digital, el comercio y la creación de economías virtuales autosostenibles. Este capítulo destaca la importancia de afrontar cuidadosamente los desafíos regulatorios y de seguridad, al mismo tiempo que se aprovechan las oportunidades que ofrecen las criptomonedas para enriquecer y diversificar las experiencias en los mundos virtuales.

Capítulo 30: Prospectiva: Criptomonedas en 50 años

Introducción

Considerar el futuro de las criptomonedas en un horizonte de 50 años implica explorar escenarios futuristas, marcados por avances tecnológicos, cambios económicos y desarrollos sociales. Este capítulo analiza posibles proyecciones para las criptomonedas, teniendo en cuenta las tendencias actuales y las posibles innovaciones.

1. Evolución y adopción tecnológica
   - Innovaciones futuras: exploración de posibles avances tecnológicos en criptomonedas, incluida la computación cuántica y la inteligencia artificial.
   - Adopción generalizada: Discusión del escenario de adopción generalizada de criptomonedas, que influye en los sistemas financieros globales y las transacciones diarias.
2. Integración a la economía global
   - Criptomonedas y sistemas financieros: análisis de la posible integración de las criptomonedas en los sistemas financieros tradicionales y su impacto en la política monetaria general.
   - Papel en el comercio internacional: exploración del papel de las criptomonedas en el comercio internacional, la facilitación del comercio y el impacto en las economías emergentes.
3. Innovaciones en los modelos de gobernanza
   - Gobernanza Descentralizada: Discusión sobre la evolución hacia modelos de gobernanza más descentralizados, facilitados por blockchain y las criptomonedas.
   - Criptomonedas y Políticas Públicas: Análisis del impacto de las criptomonedas en las políticas públicas, incluyendo la tributación y la regulación.
4. Impacto social y cultural
   - Cambio de normas sociales: exploración del impacto de las

criptomonedas en las normas sociales y culturales, incluidas las percepciones de valor y propiedad.
- Inclusión financiera y cambio social: debate sobre el potencial de las criptomonedas para promover la inclusión financiera e impulsar el cambio social.

5. Desafíos y riesgos futuros
- Seguridad y Estabilidad: Examen de los desafíos futuros relacionados con la seguridad y estabilidad de las criptomonedas, teniendo en cuenta los avances tecnológicos.
- Cuestiones éticas y ambientales: Análisis de preocupaciones éticas y ambientales persistentes relacionadas con el uso de criptomonedas.

6. Escenarios futuristas
- Criptomonedas y tecnologías emergentes: reflexiones sobre la interacción de las criptomonedas con otras tecnologías emergentes, como IoT y el metaverso.
- Visión a largo plazo: explorar escenarios futuristas donde las criptomonedas podrían transformar radicalmente aspectos de la vida diaria, la economía y la gobernanza.

Conclusión

Mirar el futuro de las criptomonedas a lo largo de medio siglo abre un campo de posibilidades fascinantes, marcado por avances tecnológicos, profundos cambios económicos e impactos sociales significativos. Si bien el futuro exacto sigue siendo incierto, está claro que las criptomonedas tienen el potencial de desempeñar un papel importante en la configuración de nuestro mundo futuro. Este capítulo invita a reflexionar sobre las oportunidades, desafíos y responsabilidades que acompañan esta evolución continua.

Exploración de vías de reflexión

Capítulo 31: Aspectos legales y regulatorios de las criptomonedas
Introducción
El auge de las criptomonedas ha atraído una mayor atención por

parte de reguladores y legisladores de todo el mundo. Este capítulo explora los aspectos legales y regulatorios de las criptomonedas, centrándose en los desafíos y desarrollos en esta área.

1. Panorama regulatorio global
   - Diversidad de marcos regulatorios: Introducción a la diversidad de enfoques regulatorios adoptados por diferentes países hacia las criptomonedas.
   - Tendencias regulatorias internacionales: análisis de tendencias regulatorias internacionales, incluidas iniciativas regulatorias coordinadas.
2. Regulación de los intercambios de criptomonedas
   - Licencias y cumplimiento: discusión sobre los requisitos de licencia y cumplimiento para los intercambios de criptomonedas.
   - Medidas contra el lavado de dinero (AML) y KYC: exploración de las regulaciones AML (Anti-Lavado de dinero) y KYC (Conozca a su cliente) aplicadas a los intercambios de criptomonedas.
3. Fiscalidad de las Criptomonedas
   - Tributación de las Criptomonedas: Análisis de las políticas tributarias respecto a las criptomonedas en diferentes países.
   - Informes y cumplimiento tributario: Discusión de los desafíos y obligaciones relacionados con el reporte de transacciones de criptomonedas a las autoridades tributarias.
4. Regulación de ICO y Tokens
   - Marco legal para las ICO: exploración de los aspectos legales de las ofertas iniciales de monedas (ICO) y su regulación.
   - Clasificación de Tokens: Análisis de las diferentes clasificaciones de tokens (utilidad, seguridad, etc.) y sus implicaciones regulatorias.
5. Criptomonedas e instituciones financieras
   - Integración al sistema financiero tradicional: Discusión sobre la integración de las criptomonedas al sistema

financiero tradicional y los desafíos regulatorios asociados.
- Estándares Regulatorios Financieros: Análisis de la aplicación de los estándares regulatorios financieros existentes a las criptomonedas.

6. Desafíos legales y regulatorios
- Equilibrar la innovación y la regulación: examinar los desafíos para equilibrar la promoción de la innovación y la protección de los inversores.
- Cuestiones legislativas y de jurisdicción transfronteriza: exploración de las complejidades jurisdiccionales y las cuestiones legales transfronterizas relacionadas con las criptomonedas.

7. Perspectivas futuras y novedades regulatorias
- Futuros desarrollos regulatorios: reflexiones sobre futuros desarrollos regulatorios y su impacto potencial en el ecosistema de las criptomonedas.
- Diálogo de partes interesadas: Discusión sobre la importancia del diálogo entre reguladores, empresas de criptomonedas y usuarios para dar forma a un marco regulatorio eficaz.

Conclusión

Los aspectos legales y regulatorios de las criptomonedas representan un área compleja y en constante evolución, que requiere atención continua por parte de los participantes del mercado, reguladores y legisladores. A medida que el panorama de las criptomonedas continúa madurando, un enfoque equilibrado e informado es esencial para garantizar la seguridad, la transparencia y la estabilidad de este ecosistema en crecimiento. Este capítulo destaca la importancia de una regulación bien pensada que apoye la innovación y al mismo tiempo proteja los intereses de los usuarios y del sistema financiero en general.

Capítulo 32: Impacto de las criptomonedas en los bancos tradicionales y el sistema financiero

Introducción

El surgimiento de las criptomonedas representa un desafío y una oportunidad para los bancos tradicionales y el sistema financiero global. Este capítulo explora el impacto de las criptomonedas en estas instituciones, analizando los cambios que traen y las posibles respuestas del sector bancario.

1. Disrupción del modelo bancario tradicional
   - Descentralización de las finanzas: Discusión sobre cómo la naturaleza descentralizada de las criptomonedas desafía el modelo centralizado de los bancos tradicionales.
   - Reducción de tarifas de transacción: Análisis del impacto de las criptomonedas en la reducción de tarifas de transacción, un área tradicionalmente lucrativa para los bancos.

2. Criptomonedas y servicios bancarios
   - Nuevos servicios y productos: Explorar nuevos servicios y productos que los bancos podrían ofrecer para integrar criptomonedas, como cuentas de criptomonedas y servicios de asesoría.
   - Adopción de Tecnología Blockchain: Análisis de la adopción de la tecnología blockchain por parte de los bancos para mejorar la eficiencia y seguridad de las transacciones.

3. Impacto en Pagos y Transferencias Internacionales
   - Simplificación de pagos internacionales: discusión sobre cómo las criptomonedas pueden simplificar y acelerar los pagos internacionales.
   - Competencia con los sistemas de pago establecidos: Análisis del impacto de las criptomonedas en los sistemas de pago establecidos y su potencial para reemplazarlos o complementarlos.

4. Respuestas regulatorias y adaptación
   - Respuestas regulatorias del banco central: exploración de las respuestas regulatorias del banco central a las criptomonedas, incluido el desarrollo de monedas digitales del banco central (CBDC).
   - Adaptación de la Banca Tradicional: Discusión sobre las estrategias de adaptación de la banca tradicional ante el auge de las criptomonedas.

5. Desafíos de seguridad y cumplimiento
- Gestión de riesgos de seguridad: examen de los desafíos de seguridad asociados con la integración de criptomonedas en los servicios bancarios.
- Cumplimiento y Lucha contra el Blanqueo de Capitales: Análisis de cuestiones de cumplimiento, particularmente en la lucha contra el blanqueo de capitales y la financiación del terrorismo.

6. Perspectivas futuras y evolución del sector
- Evolución del panorama bancario: Reflexiones sobre la evolución futura del panorama bancario en la era de las criptomonedas.
- Innovaciones y colaboraciones: exploración de posibles innovaciones y oportunidades de colaboración entre bancos tradicionales y empresas de criptomonedas.

Conclusión

Las criptomonedas representan tanto un desafío como una oportunidad para el sistema financiero tradicional. A medida que estas monedas digitales ganan popularidad y aceptación, los bancos y las instituciones financieras deben adaptar, innovar y repensar sus modelos de negocio. Este capítulo destaca la importancia de que el sector bancario se mantenga ágil y receptivo a los desarrollos tecnológicos para seguir siendo relevante en un futuro financiero cada vez más dominado por las criptomonedas.

Capítulo 33: Educación y concientización sobre criptomonedas

Introducción

A medida que las criptomonedas crecen en popularidad, la educación y la concientización se vuelven cruciales para garantizar la comprensión y el uso adecuados de esta tecnología. Este capítulo analiza la importancia de la educación y la concientización en el campo de las criptomonedas, con énfasis en estrategias para mejorar el conocimiento entre el público en general y los inversionistas.

1. Importancia de la educación sobre criptomonedas

- Comprensión básica de las criptomonedas: Discusión sobre la importancia de una comprensión básica de las criptomonedas para el público en general.
- Desmitificando la tecnología Blockchain: Análisis de la necesidad de desmitificar la tecnología blockchain y su funcionamiento.

2. Programas e iniciativas educativas
- Iniciativas educativas: Presentación de iniciativas educativas existentes, incluidos cursos, talleres y seminarios en línea.
- Papel de las instituciones educativas: explorar el papel de las escuelas, universidades y otras instituciones educativas a la hora de brindar educación formal sobre las criptomonedas.

3. Conciencia de riesgos y seguridad
- Riesgos de inversión: Debate sobre la sensibilización sobre los riesgos asociados a la inversión en criptomonedas.
- Seguridad de criptomonedas: Análisis de las mejores prácticas de seguridad para la gestión de carteras de criptomonedas y protección contra fraudes.

4. Educación para la regulación y el cumplimiento
- Conocimiento de los marcos regulatorios: explorando la importancia de comprender los marcos regulatorios y las obligaciones fiscales relacionadas con las criptomonedas.
- Capacitación para Profesionales: Discusión de capacitación específica para profesionales, incluidos asesores financieros, contadores y abogados.

5. Desafíos en la educación sobre criptomonedas
- Complejidad técnica: examinar los desafíos que plantea la complejidad técnica de las criptomonedas y cómo simplificarlas para una mejor comprensión.
- Rápida evolución del campo: Análisis de la dificultad de mantener los programas educativos actualizados con la rápida evolución del campo de las criptomonedas.

6. Perspectivas futuras y desarrollo de recursos
- Recursos Educativos Innovadores: Reflexiones sobre el

desarrollo de recursos educativos innovadores, incluido el uso de la realidad aumentada y virtual.
- Importancia de la Educación Continua: Discusión sobre la importancia de la educación continua para mantenerse informado de los últimos avances e innovaciones en el campo de las criptomonedas.

Conclusión

La educación y la concientización juegan un papel crucial en la adopción y el uso seguro de las criptomonedas. Al proporcionar recursos educativos accesibles y crear conciencia pública sobre los riesgos, beneficios y mejores prácticas, es posible crear una base sólida para el futuro de las criptomonedas. Este capítulo destaca la importancia de un enfoque proactivo e inclusivo de la educación para permitir que un público más amplio participe de forma segura en la economía de las criptomonedas.

Capítulo 34: Criptomonedas e inclusión financiera

Introducción

La inclusión financiera, cuyo objetivo es hacer que los servicios financieros sean accesibles a todos los segmentos de la sociedad, es un objetivo clave en el desarrollo económico global. Las criptomonedas, con su naturaleza descentralizada y accesible, ofrecen oportunidades únicas para promover la inclusión financiera. Este capítulo explora el papel de las criptomonedas en la mejora del acceso a los servicios financieros, particularmente para las poblaciones no bancarizadas o insuficientemente bancarizadas.

1. Desafíos de la inclusión financiera
- Barreras al acceso financiero: Discusión de las barreras tradicionales para acceder a los servicios financieros, como los altos costos, la infraestructura limitada y los requisitos regulatorios.
- Impacto en las poblaciones no bancarizadas: Análisis del impacto de la exclusión financiera en las poblaciones no bancarizadas, particularmente en las regiones en desarrollo.

2. Potencial de las criptomonedas para la inclusión financiera
- Fácil acceso a los servicios financieros: Explorando cómo las criptomonedas pueden proporcionar un acceso fácil y económico a los servicios financieros.
- Transacciones Transfronterizas Simplificadas: Análisis del impacto de las criptomonedas en la simplificación de las transacciones transfronterizas, reduciendo costos y demoras.

3. Casos de uso y ejemplos reales
- Ejemplos de Proyectos de Inclusión Financiera: Presentación de casos de uso reales donde se han utilizado criptomonedas para promover la inclusión financiera.
- Programas e iniciativas piloto: Discusión sobre varios programas e iniciativas piloto destinados a utilizar criptomonedas para la inclusión financiera en diferentes regiones.

4. Tecnologías complementarias
- Banca móvil y criptomonedas: explorando la interacción entre la banca móvil y las criptomonedas, y su papel en la mejora del acceso a los servicios financieros.
- Blockchain para la Transparencia y Seguridad: Análisis del uso de la tecnología blockchain para garantizar la transparencia y seguridad en los servicios financieros.

5. Desafíos y limitaciones
- Volatilidad de las criptomonedas: examinar los desafíos que plantea la volatilidad de las criptomonedas y su impacto en la inclusión financiera.
- Educación y concientización: Discusión sobre la importancia de la educación y la concientización para facilitar la adopción de criptomonedas en poblaciones no bancarizadas.

6. Perspectivas y políticas futuras
- Desarrollos regulatorios y de políticas: Reflexiones sobre los desarrollos regulatorios y de políticas necesarios para respaldar el uso de criptomonedas en la inclusión financiera.

- Colaboración intersectorial: exploración de la necesidad de colaboración entre los sectores público y privado para promover la inclusión financiera a través de las criptomonedas.

Conclusión

Las criptomonedas tienen el potencial de desempeñar un papel importante en la promoción de la inclusión financiera, al brindar un acceso simplificado y más económico a los servicios financieros. Para aprovechar plenamente este potencial, es esencial superar los desafíos relacionados con la volatilidad, la educación y la regulación. Este capítulo destaca la importancia de un enfoque holístico y colaborativo para integrar las criptomonedas en las estrategias de inclusión financiera, con miras a crear un sistema financiero que sea más inclusivo y accesible para todos.

Capítulo 35: Desarrollo Sostenible y Criptomonedas

Introducción

El desarrollo sostenible, centrado en satisfacer las necesidades del presente sin comprometer la capacidad de las generaciones futuras para satisfacer sus propias necesidades, es una cuestión mundial crucial. Las criptomonedas, como tecnología emergente, presentan tanto desafíos como oportunidades para el desarrollo sostenible. Este capítulo explora la intersección entre las criptomonedas y el desarrollo sostenible, centrándose en su impacto ambiental, económico y social.

1. Impacto ambiental de las criptomonedas
- Consumo energético de la minería: Análisis del impacto ambiental del consumo energético vinculado a la minería de criptomonedas, en particular para monedas basadas en el sistema Proof of Work.
- Iniciativas para reducir la huella de carbono: explorar iniciativas para reducir la huella de carbono de las criptomonedas, incluido el uso de energía renovable y el

desarrollo de protocolos más eficientes energéticamente.
2. Criptomonedas y Economía Circular
- Tokenización de Recursos y Derechos Ambientales: Discusión sobre el uso de criptomonedas y tokens para representar e intercambiar recursos y derechos ambientales.
- Promoción de la transparencia y la trazabilidad: análisis de cómo blockchain puede promover la transparencia y la trazabilidad en las cadenas de suministro, contribuyendo así a una economía más circular.

3. Inclusión financiera y desarrollo económico
- Acceso a servicios financieros en regiones subdesarrolladas: exploración del papel de las criptomonedas para mejorar el acceso a los servicios financieros en regiones subdesarrolladas, promoviendo así el desarrollo económico.
- Apoyo a pequeñas empresas y emprendedores: debate sobre cómo las criptomonedas pueden apoyar a las pequeñas empresas y emprendedores, particularmente en las economías emergentes.

4. Criptomonedas y Responsabilidad Social
- Criptomonedas para iniciativas sociales y humanitarias: Análisis del uso de criptomonedas para financiar iniciativas sociales y humanitarias, incluidas donaciones benéficas y campañas de crowdfunding.
- Ética y Gobernanza en el Ecosistema de las Criptomonedas: Discusión sobre la importancia de la ética y la buena gobernanza en el ecosistema de las criptomonedas para asegurar el desarrollo sostenible.

5. Desafíos y limitaciones
- Desafíos regulatorios y de cumplimiento: examen de los desafíos regulatorios y de cumplimiento relacionados con el uso de criptomonedas en el contexto del desarrollo sostenible.
- Concientización y Educación: Análisis de la necesidad de una mayor concientización y educación sobre el impacto de las criptomonedas en el desarrollo sostenible.

6. Perspectivas de futuro e innovaciones
- Innovaciones Tecnológicas para la Sostenibilidad: Reflexiones sobre futuras innovaciones tecnológicas en el campo de las criptomonedas que podrían promover el desarrollo sostenible.
- Colaboraciones intersectoriales: explorar la importancia de las colaboraciones entre los sectores público y privado, así como organizaciones no gubernamentales, para promover el desarrollo sostenible a través de las criptomonedas.

Conclusión

Las criptomonedas, como tecnología disruptiva, tienen el potencial de desempeñar un papel importante en la promoción del desarrollo sostenible. Sin embargo, para aprovechar este potencial, es fundamental abordar los desafíos ambientales, económicos y sociales que presentan. Este capítulo destaca la necesidad de un enfoque equilibrado e innovador para integrar las criptomonedas en las estrategias de desarrollo sostenible, con miras a crear un futuro más verde, más inclusivo y más equitativo.

Capítulo 36: Criptomonedas y política monetaria

Introducción

La aparición de las criptomonedas plantea importantes interrogantes sobre su interacción con la política monetaria tradicional. Este capítulo explora el impacto de las criptomonedas en la política monetaria de las naciones, examinando cómo pueden influir en los sistemas financieros establecidos y las decisiones de los bancos centrales.

1. Fundamentos de la política monetaria
- Principios de Política Monetaria: Introducción a los conceptos básicos de la política monetaria, incluyendo la regulación de la oferta monetaria y el control de las tasas de interés.
- Papel de los Bancos Centrales: Discusión sobre el papel tradicional de los bancos centrales en la gestión de la política monetaria.

2. Impacto de las criptomonedas en la política monetaria
   - Desafío al control monetario: Análisis de cómo las criptomonedas, como monedas descentralizadas, desafían el control monetario tradicional ejercido por los bancos centrales.
   - Influencia en los tipos de cambio y la inflación: exploración del impacto potencial de las criptomonedas en los tipos de cambio y las tasas de inflación.
3. Respuestas de los bancos centrales
   - Monedas digitales de los bancos centrales (CBDC): Discusión sobre el desarrollo de las CBDC como respuesta de los bancos centrales al surgimiento de las criptomonedas.
   - Regulación y Vigilancia: Análisis de las medidas regulatorias y de vigilancia implementadas por los bancos centrales para regular el uso de las criptomonedas.
4. Criptomonedas y estabilidad financiera
   - Riesgos para la estabilidad financiera: examen de los riesgos que las criptomonedas pueden representar para la estabilidad financiera, incluida la volatilidad y las burbujas especulativas.
   - Integración al Sistema Financiero: Discusión de los desafíos y oportunidades relacionados con la integración de las criptomonedas al sistema financiero global.
5. Desafíos y oportunidades para los bancos centrales
   - Adaptación a las Innovaciones Tecnológicas: Análisis de la necesidad de que los bancos centrales se adapten a las innovaciones tecnológicas que traen las criptomonedas.
   - Oportunidades de diversificación de divisas: exploración de oportunidades para que los bancos centrales utilicen criptomonedas para la diversificación monetaria y la reducción de riesgos.
6. Perspectivas y desarrollos futuros
   - Evolución de la Política Monetaria en la Era de las Criptomonedas: Reflexiones sobre la evolución futura de la política monetaria en la era de las criptomonedas.
   - Colaboración y estándares internacionales: Discusión

sobre la importancia de la colaboración internacional y el establecimiento de estándares para gestionar el impacto de las criptomonedas en la política monetaria.

Conclusión

Las criptomonedas plantean un desafío importante a la política monetaria tradicional, lo que obliga a los bancos centrales y reguladores a repensar sus enfoques. A medida que el panorama financiero continúa evolucionando con la adopción de las criptomonedas, los bancos centrales deben encontrar formas de integrar estas nuevas tecnologías preservando al mismo tiempo la estabilidad financiera. Este capítulo destaca la importancia de un enfoque proactivo y adaptativo para abordar los desafíos que plantean las criptomonedas en el área de la política monetaria.

Capítulo 37: Aspectos psicológicos y de comportamiento de las criptomonedas

Introducción

La inversión y el comercio de criptomonedas no son sólo actividades financieras; también abarcan importantes aspectos psicológicos y conductuales. Este capítulo explora las dinámicas psicológicas y de comportamiento que influyen en las decisiones de los inversores y usuarios de criptomonedas.

1. Psicología de la inversión en criptomonedas
- Comportamiento del inversor: Introducción a los comportamientos típicos de los inversores en criptomonedas, incluidos los sesgos cognitivos y emocionales.
- Factores motivacionales: Análisis de las motivaciones detrás de invertir en criptomonedas, como la búsqueda de ganancias rápidas, el miedo a perderse algo (FOMO) y la creencia en la tecnología.

2. Impacto de la volatilidad en el comportamiento
- Reacciones a la volatilidad del mercado: discusión sobre cómo la volatilidad en los mercados de criptomonedas afecta el comportamiento de los inversores, exacerbando a menudo

las reacciones emocionales.
- Manejo del estrés y la ansiedad: exploración de estrategias para manejar el estrés y la ansiedad relacionados con las fluctuaciones de los precios de las criptomonedas.

3. Sesgo cognitivo y toma de decisiones
- Identificación de sesgos cognitivos: examen de sesgos cognitivos comunes en la inversión en criptomonedas, como el sesgo de confirmación y el exceso de confianza.
- Estrategias para contrarrestar los sesgos: Discusión de estrategias para reconocer y contrarrestar los sesgos cognitivos en la toma de decisiones de inversión.

4. Fenómenos grupales y dinámica social
- Efecto de grupo y presión social: Análisis del impacto de la dinámica de grupo y la presión social en las decisiones de inversión en criptomonedas.
- Papel de las redes sociales y los foros en línea: exploración de la influencia de las redes sociales y los foros en línea en las percepciones y comportamientos de los inversores.

5. Educación financiera y conciencia de riesgos
- Importancia de la Educación Financiera: Discusión sobre la importancia de la educación financiera para comprender los riesgos y realidades del mercado de las criptomonedas.
- Desarrollo de un enfoque racional: consejos para desarrollar un enfoque más racional e informado para invertir en criptomonedas.

6. Perspectivas e investigaciones futuras
- Estudios sobre el comportamiento de los inversores futuros: las reflexiones sobre las necesidades de investigaciones futuras para comprender mejor el comportamiento de los inversores en criptomonedas.
- Adaptarse a la evolución del mercado: explorar cómo los inversores pueden adaptarse a la evolución futura del mercado de las criptomonedas.

Conclusión

Los aspectos psicológicos y de comportamiento juegan un papel crucial en la inversión y el comercio de criptomonedas.

Comprender estas dinámicas es esencial para tomar decisiones informadas y gestionar los riesgos de forma eficaz. Este capítulo destaca la importancia de la educación financiera, la autoconciencia y la gestión emocional al navegar por el complejo y a menudo volátil mundo de las criptomonedas.

Capítulo 38: Criptomonedas y seguros
Introducción
La integración de las criptomonedas en el sector asegurador abre nuevas perspectivas para la gestión de riesgos, la suscripción y los pagos. Este capítulo explora las implicaciones de las criptomonedas para la industria de seguros, examinando cómo pueden transformar las operaciones tradicionales e introducir nuevos modelos de negocio.

1. Criptomonedas en el Pago de Primas de Seguros
   - Facilitación de pagos: Discusión sobre el uso de criptomonedas para simplificar y acelerar el proceso de pago de primas de seguros.
   - Beneficios para asegurados internacionales: Análisis de los beneficios de los pagos con criptomonedas para clientes internacionales, eliminando tarifas de transacción y tipos de cambio.
2. Criptomonedas y compensación
   - Velocidad de reclamos: Explorar el uso de criptomonedas para acelerar el proceso de reclamos, brindando pagos rápidos y seguros a los asegurados.
   - Transparencia y reducción del fraude: discusión sobre cómo las criptomonedas pueden aumentar la transparencia y reducir el riesgo de fraude en compensaciones.
3. Blockchain y suscripción de seguros
   - Mejora de la suscripción: Análisis del impacto de blockchain, la tecnología subyacente de las criptomonedas, en la suscripción de seguros, particularmente en términos de gestión de datos y evaluación de riesgos.
   - Contratos inteligentes para pólizas de seguro: exploración

del uso de contratos inteligentes para automatizar la ejecución de pólizas de seguro y la gestión de reclamaciones.
4. Criptomonedas y Reaseguros
- Facilitación de transacciones de reaseguro: Discusión sobre el uso de criptomonedas para simplificar y asegurar transacciones de reaseguro entre empresas.
- Innovación en Modelos de Reaseguro: Análisis de las nuevas oportunidades que ofrecen las criptomonedas y blockchain para la innovación en modelos de reaseguro.

5. Desafíos regulatorios y de cumplimiento
- Cuestiones regulatorias: examen de los desafíos regulatorios relacionados con la aceptación de criptomonedas en la industria de seguros, incluidas cuestiones de cumplimiento y regulación financiera.
- Gestión de riesgos de volatilidad: Discusión sobre la gestión de los riesgos asociados a la volatilidad de las criptomonedas en el contexto de los seguros.

6. Perspectivas de futuro e innovaciones
- Cambio del panorama de los seguros: reflexiones sobre el impacto potencial a largo plazo de las criptomonedas en el panorama de los seguros.
- Innovaciones y colaboraciones intersectoriales: exploración de futuras innovaciones y oportunidades de colaboración entre los sectores de seguros y fintech.

Conclusión

La integración de las criptomonedas en la industria de seguros presenta importantes oportunidades para modernizar los procesos de pago, mejorar la gestión de riesgos e introducir nuevos modelos de negocio. Sin embargo, esta integración debe abordarse con cautela, teniendo en cuenta los desafíos regulatorios y la volatilidad del mercado. Este capítulo destaca la importancia de un enfoque equilibrado e innovador para explotar el potencial de las criptomonedas en el sector de los seguros.

Capítulo 39: Criptomonedas y cambios socioculturales

Introducción

El auge de las criptomonedas no se limita a un fenómeno económico o tecnológico; también genera importantes cambios socioculturales. Este capítulo explora el impacto de las criptomonedas en las normas sociales, los comportamientos culturales y las estructuras sociales.

1. Cambiando las percepciones del dinero
   - Evolución del valor: Discusión sobre cómo las criptomonedas están remodelando las percepciones tradicionales del valor y el dinero.
   - Confianza y Descentralización: Análisis de la evolución de la confianza del consumidor desde instituciones centralizadas a sistemas descentralizados.

2. Criptomonedas e inclusión social
   - Acceso ampliado a los servicios financieros: exploración del impacto de las criptomonedas en la inclusión financiera, particularmente para las poblaciones no bancarizadas.
   - Reducción de las desigualdades económicas: debate sobre el potencial de las criptomonedas para reducir las desigualdades económicas al proporcionar igualdad de acceso a los recursos financieros.

3. Impacto en el comportamiento del consumidor
   - Cambio de hábitos de consumo: Análisis del impacto de las criptomonedas en los hábitos de consumo, incluidas las compras online y las transferencias de dinero.
   - Adopción de tecnologías Blockchain: Explorando cómo la adopción de tecnologías blockchain influye en los comportamientos de los consumidores y las expectativas de transparencia y seguridad.

4. Criptomonedas y cultura juvenil
   - Compromiso de las generaciones más jóvenes: debate sobre el atractivo de las criptomonedas para las generaciones más jóvenes y su impacto en la cultura juvenil, particularmente en términos de inversión e innovación.
   - Educación y Concientización: Análisis de la importancia de la educación y concientización sobre las criptomonedas para

las generaciones más jóvenes.

5. Desafíos éticos y sociales
- Cuestiones éticas y responsabilidad: examen de las cuestiones éticas que plantea el uso de criptomonedas, incluida la responsabilidad social corporativa en este ámbito.
- Impacto en las relaciones sociales y el trabajo: Discusión sobre el impacto de las criptomonedas en las relaciones sociales y las estructuras laborales, incluido el trabajo por cuenta propia y las economías descentralizadas.

6. Perspectivas de futuro y adaptación cultural
- Evolución de las normas sociales y culturales: reflexiones sobre la evolución futura de las normas sociales y culturales bajo la influencia de las criptomonedas.
- Adaptación de instituciones y políticas: explorar la necesidad de que las instituciones y políticas se adapten al surgimiento de las criptomonedas y su impacto social.

Conclusión

Las criptomonedas no son sólo un fenómeno económico; también representan un motor de cambio sociocultural. Al cambiar las percepciones de valor, influir en el comportamiento del consumidor y remodelar las estructuras sociales, las criptomonedas están redefiniendo muchos aspectos de la sociedad contemporánea. Este capítulo destaca la importancia de comprender y aceptar estos cambios, al tiempo que aborda los desafíos éticos y sociales que presentan.

Capítulo 40: Interacciones entre criptomonedas y otras tecnologías emergentes

Introducción

La intersección de las criptomonedas con otras tecnologías emergentes crea un panorama rico en innovación y posibilidades. Este capítulo explora cómo las criptomonedas interactúan con tecnologías como la inteligencia artificial (IA), el Internet de las cosas (IoT), la realidad aumentada (AR) y la realidad virtual (VR), dando forma a nuevas aplicaciones y transformando diversos

sectores.
1. Criptomonedas e Inteligencia Artificial
    - Optimización y pronóstico del comercio: análisis del uso de IA para optimizar las estrategias de comercio de criptomonedas y predecir las tendencias del mercado.
    - Seguridad y Gestión de Riesgos: Discusión sobre la aplicación de la IA en la detección de fraude y gestión de riesgos en transacciones de criptomonedas.
2. Criptomonedas e Internet de las cosas (IoT)
    - Transacciones automatizadas en IoT: exploración del uso de criptomonedas para facilitar transacciones automáticas y seguras entre dispositivos IoT.
    - Modelos de negocio basados en IoT: Análisis de modelos de negocio innovadores que surgen en la intersección de IoT y criptomonedas, como sistemas de micropagos para servicios de IoT.
3. Criptomonedas, Realidad Aumentada y Realidad Virtual
    - Experiencias comerciales inmersivas: debate sobre el uso de AR y VR para crear experiencias comerciales inmersivas e interactivas de criptomonedas.
    - Monedas virtuales en mundos virtuales: explorando la integración de criptomonedas en mundos virtuales y plataformas de metaverso, facilitando las transacciones y la propiedad digital.
4. Blockchain, Criptomonedas y Big Data
    - Análisis de datos para mercados de criptomonedas: análisis del uso de Big Data para obtener información sobre los mercados de criptomonedas y mejorar las decisiones de inversión.
    - Seguridad y Transparencia de Datos: Discusión sobre el aporte de blockchain a la seguridad y transparencia de datos masivos.
5. Desafíos y limitaciones
    - Complejidad técnica e integración: examina los desafíos técnicos de integrar criptomonedas con otras tecnologías emergentes.

- Cuestiones regulatorias y de cumplimiento: Análisis de las cuestiones regulatorias y de cumplimiento que surgen en la intersección de estas tecnologías.

6. Perspectivas de futuro e innovaciones
   - Innovaciones Tecnológicas Transversales: Reflexiones sobre futuras innovaciones que podrían surgir de la convergencia de estas tecnologías con las criptomonedas.
   - Impacto en las industrias y la sociedad: explorar el impacto potencial de estas interacciones tecnológicas en diversas industrias y en la sociedad en su conjunto.

Conclusión

La interacción de las criptomonedas con otras tecnologías emergentes abre posibilidades para la innovación y la transformación en muchos sectores. Desde optimizar el comercio hasta crear nuevas experiencias de usuario en mundos virtuales, estas convergencias tecnológicas prometen remodelar la forma en que vemos e interactuamos con el mundo financiero y más allá. Este capítulo destaca la importancia de navegar por este panorama en evolución con una comprensión profunda y un enfoque estratégico para explotar plenamente el potencial de estas tecnologías interconectadas.

www.ingramcontent.com/pod-product-compliance
Lightning Source LLC
Chambersburg PA
CBHW070400230526
45471CB00006B/2653